穂の国探究

……………語り継ぎたい東三河の歩み

大塚耕平

まえがき

古来、穂国《ほこく》は豊かな地域だったのでしょう。稲を表す「穂」の字が古代国名に当てられていることから容易に想像できます。

米のみならず海山川の産物があふれ、食料に恵まれた穂国には、早くから人が定住しました。その結果、地域を治める長《おさ》が登場し、大和王権との関係も構築されていきます。

要衝となった穂国一帯は、中世から戦国時代にはその領有を巡って戦いの舞台となりました。１５６０年代以降、徳川家康が穂国を含む三河を統一したことから、江戸幕府の下では幕閣を輩出する譜代大名の藩となりました。

明治時代には、近代史において先駆的役割を果たした人物、特筆すべき事績を残した人物を多数輩出したものの、必ずしも十分に語り継がれていません。もったいないことです。大正・昭和期の歴史も非常に興味深いものがあります。

尾張名古屋に生まれ育った筆者は、小学校の遠足で鳳来寺山に登ったり、中学校時代にバレーボール部の試合で豊橋中部中学校に何度か行ったりしました。中小企業経営者だった父は商売繁盛と家内安全を祈願するために豊川稲荷を定期的に参拝。一緒に行って食べた精進料理とお稲荷さんの味が鮮明に記憶に残っています。今でも自宅の神棚を引き継いでいます。

２００１年、愛知県選出の参議院議員となりました。寺社・城郭・歴史好きの趣味と相まって、東三河方面に出向く際には日程の合間を縫って史跡を見分したり調べるのが息抜きになりました。その結果、ますます穂国と東三河の奥深さを知ることになります。

２０２０年から東愛知新聞の紙上で連載する機会をいただきました。本書はその連載に若干の加筆を行ったものです。

筆者は大学教員や企業研修の講師も続けており、教育に関心があります。教育と学びこそ国の礎です。東三河の子どもたち、生徒・学生が郷土史に関心を抱き、そこから様々なことを学んでほしいと思います。穂国、東三河にはそのための素材がたくさんあります。そうした動機から、連載当初より自由研究のテーマ探しに役立つような構成にしようと考えました。

一話完結型なので、どの話題、どのテーマでもよいので、興味をもった史実から様々なことを深堀りする材料になれば、筆者冥利に尽きます。

子どもや生徒・学生だけに期待するのではありません。東三河を支える経済界をはじめとする各界各位にも、郷土史から穂国と東三河の潜在的可能性を探究していただく際の参考になれば幸いです。

末筆になりますが、連載と出版の機会を頂戴しました東愛知新聞の彦坂守相談役、堀内一孝社長、ならびに連載期間中の史実確認や校正にご尽力いただいた山田一晶編集長に感謝申し上げます。また、「発刊に寄せて」の寄稿文を頂戴しました神野吾郎豊橋商工会議所会頭に御礼申し上げます。

仕事柄、愛知と東京の往来が日常的な生活であるため、連載原稿は新幹線車中で書くことが多かったことを思い出します。このまえがきも同様に新幹線車中で仕上げて脱稿します。

大塚耕平

２０２３年深秋　車窓から夕陽に映える本宮山を眺めつつ

岩峅寺
西富山
焼岳
大正池
信濃大町
北池田
御嶽
上高地温泉
鳥居峠
島々
松本
塩尻
塩尻峠
木曽福島
恵那峡
下付知
虎渓山
辰野
岡谷
土岐津
大井
中津川
駒ヶ岳
伊那
飯田
東駄知
明知
岩村
天龍峡
鳳来寺山
足助
香積寺
田口
鳳来寺
川合
鳳来峡
鳳来寺
長篠古戦場
鳳来寺口
門立
本宮山
岩津天神
豊川稲荷
砥鹿神社
三河一宮
豊川
本宿
吉田城趾
三河三谷
御油
豊橋
鷲津
渡辺崋山墓
黒川原
田原

吉田初三郎『中部日本観光鳥瞰圖』（部分）

穂の国探究——語り継ぎたい東三河の歩み　目次

1　東三河の未来をひらくために

東三河と聞けば、愛知県の東部、現在の豊橋市、豊川市を中心に、新城市や田原市を含む地域を思い浮かべる人が多い。

地理的な隣接地域との境目は、地形的には、東は弓《ゆみ》張《はり》山地を遠州との境界と考えるべきだろう。弓張山地は、豊橋市・新城市と湖西市・浜松市北区の間に位置する南アルプスの南端山域である。

西は本宮山から三ヶ根山に至る山域が西三河との境界ライン。北は鳳来寺山辺りまでの地域をイメージする人が多いと思うが、古くは新野《にいの》峠が地形的な境界であった。

新野峠は愛知県と長野県の境であり、戦国時代は新野峠以北が武田氏、以南が今川氏や松平氏の影響域であった。

このように整理すると、たしかに現在の豊橋・豊川・新城・田原の4市を狭義の東三河としつつ、東は湖西市、西は蒲郡市、北は北設楽《きたしたら》郡が、東三河と隣接地域との交錯域であり、広義の東三河に含まれる。

古代の史書である『古事記』や『先代旧事本紀』に、三河国、遠江国が登場するが、それぞれ現在の西三河、遠州を指す。では、現在の東三河はどのような状況だったのだろうか。

「国造」は「くにのみやつこ」と読み、古代において地方を治める行政機構、またはその長を表す。『先代旧事本紀』に含まれる国造本紀の中に、「穂国」という国名が「三河国」と「遠江国」の間に登場する。『古事記』においても「穂国」という国名が登場する。

この「穂国」こそが、現在の東三河にあった古代国家である。本書『穂の国探究』では、「穂国」に端を発した東三河の歴史と可能性をひもとき、この地域の未来を探究することに主眼を置いている。

「穂国」には、宝飯《ほい》、八名《やな》、渥美の3郡が置かれ、前

2郡には現在の設楽域も含まれた。

昔も今も、この地域は豊かである。気候にも、自然にも、食料にも恵まれた地域であるため、経済や生活が域内で自己完結する。そのため、この地域の人々は大らかであり、反面、閉鎖的であり、貪欲ではない。

おそらくそうした地域性も影響し、戦国時代には武田氏、今川氏、松平氏による争奪戦の主戦場となり、誇り高き「穂国」の地であったことはあまり語り継がれていない。

「穂の国」を望む

現在の東三河、つまり「穂国」が独立国であれば、面積で世界170位前後、欧州で言えばルクセンブルクより少し狭く、中近東で言えばバーレーンの倍の広さである。

人口でも160位台並みであるが、GDP（域内総生産）では大きく順位を上げて60位台並みであり、ルクセンブルクよりも大きい。

地理的、地形的に隣接地域と良い意味で隔離され、海山川の幸に恵まれ、産業もある「穂国」は、独立国並みの経済活動と存在感を示し得る。しかし、それに気づき、それを生かし得るか否かは、「穂国」の人々自身にかかっている。

『穂の国探究』では、東三河の潜在的可能性と未来を考えていく。

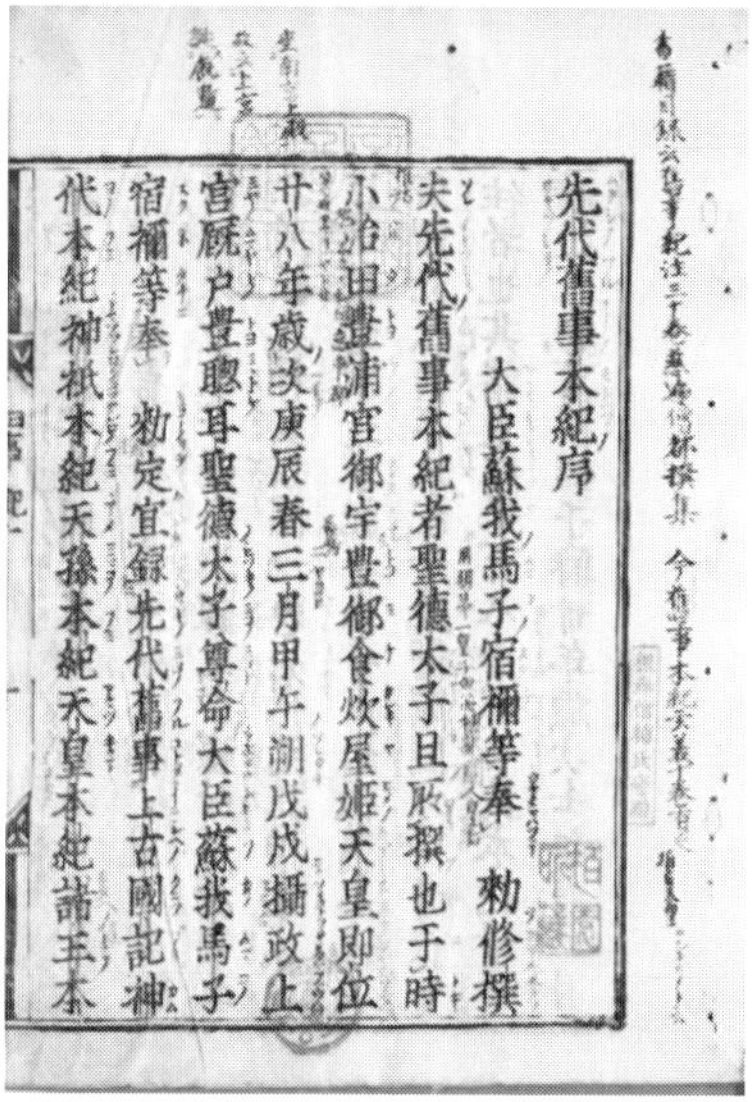

先代舊事本紀序
大臣蘇我馬子宿禰等奉　勅修撰
夫先代舊事本紀者聖徳太子且所撰也于時
小治田豊浦宮御宇豊御食炊屋姫天皇即位
廿八年歳次庚辰春三月甲午朔戊戌攝政上
宮厩戸豊聰耳聖徳太子尊命大臣蘇我馬子
宿禰等奉　勅定宣録先代舊事上古國記神
代本紀神祇本紀天孫本紀天皇本紀諸王本

『先代旧事本紀』
国立国会図書館デジタルコレクション

2　解明待たれる考古遺跡と語り継がれる徐福伝説

東三河県庁（東三河総局）が出している冊子『ほの国とっておき探訪』を見ると、「ほの国」に含まれる行政区は、南から田原市、豊橋市、蒲郡市、豊川市、新城市、設楽町、東栄町、豊根村の8市町村である。

ちなみに、東三河県庁は「穂」を「ほ」と平仮名表記している。古代国家「穂国」は、現在で言えばこれらの行政区域である。

豊川市、新城市、設楽町からは旧石器時代の道具や遺跡が見つかっており、この地域はかつて平野部、あるいは海岸線であったことが推測できる。

一方、現在の海岸線である田原市、豊橋市、蒲郡市からは縄文時代の遺跡が見つかっている。

縄文時代は日本史における時代区分のひとつであり、世界史では中石器時代、新石器時代に相当する。

旧石器時代から縄文時代に時代が下ると、土器や弓矢が発明され、人々は定住化して竪穴式住居をつくり、生活の痕跡として多くの貝塚を残すようになった。

日本列島は徐々に隆起して現在の地学的、地理的構造になった。「穂国」地域の上述の考古学的事実から、東三河中央部に先に人が定住し、やがて新たな海岸線になった田原市、豊橋市、蒲郡市の地域にも集落が形成されていったことが推測できる。

最深部の東栄町、豊根村では考古学的発見はあまり聞かない。旧石器時代から山岳地帯だったのかもしれない。その結果、古代から近世においても勢力争いの主戦場にはならず、江戸時代には天領や幕府領であった。

現在の東三河の海岸域から中央域に、早くからの人間の生活痕跡があるということは、この地域が古くから気候が温暖で、豊かであった証拠と言える。

さらに、東三河は古代における徐福伝説が語り継がれる地のひとつでもある。

徐福とは、紀元前3世紀、秦の始皇帝の命で不老長寿の仙薬を求めて東の桃源郷と信じられていた日本列島に渡海してきた大陸人である。

数千人の従者とともに渡来して日本に定住し、稲作や工芸・建築技術をもたらしたといわれる。日本各地に徐福伝説があるが「穂国」域にも伝承されていることは意外に知られていない。

さらに、九州説、大和説に二分されている邪馬台国の所在地に関し「穂国」説が存在していることもほとんど知られていない。

古代国家「穂国」の地である東三河には、未発掘の考古学的痕跡、未研究の史実が多く、興味深い。

中世、近世、近代においても、同様である。例えば、明治維新になって、豊橋市につくられた第八国立銀行は愛知県で最初の銀行であり、名古屋よりも早かったということを知らない人も多い。早かったのは偶然ではなく、この地域が発展していた証しである。

そういうことも含め、東三河の考古学的、歴史的事実を総合的に伝える本格的な「穂国歴史博物館」というものがあってよい。その前提として、そうした事実が十分に研究され、地域住民に共有されることが重要だ。

徐福伝説が残る豊橋市牛川町の浪ノ上稲荷社（上・右写真とも）

3　古来から信仰の山として親しまれてきた本宮山

『古事記』に「朝廷別王」が「三川の穂の別の祖ぞ」と記され、これが「穂国造」の始まりである。穂国造は「ほのくにのみやつこ」「ほこくぞう」と読み、朝廷から認められた統治者のことを指す。朝廷別王とは丹波道主王と比定され、十二代景行天皇期に穂国へ入った。

『先代旧事本紀』の「天孫本紀」には二十一代雄略天皇期に葛城襲津彦《かつらぎのそつひこ》の四世孫菟上足尼《うなかみのすくね》を穂国造に任命したと記されており、国造の血脈交替があったと推定される。葛城襲津彦はこの時代の大和王権の重要人物である。

奈良明日香村石神遺跡から出土した7世紀後半の木簡にある「三川穂評穂里穂ア佐」との表記は「三河(国)穂評穂里《ほのこおりほのさと》の穂部佐《ほべのたすく》」という人名と解されている。「穂里」という地名の存在を示し、この記述が穂国成立に関する評制下の最古の史料である。

古墳時代の穂国本拠は三河東部の豊川流域、主に宝飯郡辺りであった。支配領域は後の律令国の三河国宝飯郡(穂評=穂国中心部)、設楽郡、八名郡、渥美郡(飽海評)の一部、渥美半島基幹部の梅田川流域である。

大化改新(６４５年)後、穂国造と三河国造の領域を合わせて三川国(三河国)が置かれた。７１３年の好字二字令によって「穂」は「宝飫《ホオ》」と記載され、後に「宝飯」に転じる。

この頃創祀されたのが砥鹿《とが》神社である。社伝によれば、大宝年間(７０１～７０４年)に文武天皇の病を鎮めるために草鹿砥公宣《くさかどのきんのぶ》が勅使として「煙巌山《えんがんさん》」に遣わされ、三河山中で道に迷うものの、老翁の導きにより無事祈願を果たして天皇の病も平癒。天皇は老翁に礼を尽くすため、再度公宣を派遣し、本茂山《ほのしげやま》(本宮山)の神を迎えて里宮を創建。社家となった草鹿砥氏は穂国造一族後裔であるため、結果的に神社は穂国造が奉祭したものと推察される。『三河國一宮砥鹿神社誌』には「朝廷別王」を祭神と記す。

砥鹿神社の主祭神は大己貴命《おおなむちのみこと》すなわち大国主命《おおくにぬしのみこと》であり、神代に国造りをした国津神《くにつかみ》である。

『但馬続風土記』によれば、大己貴命は諸国を巡幸。但馬国から三河国に向かい、本茂山に留まって、この山を永く神霊を止め置く「止所《とが》の地」とされた。神託による社殿造営にあたり本茂山頂の社を「奥宮」、里の社殿を「里宮」と称し、二所一体の崇敬を集めるに至る。

砥鹿神社奥宮

豊橋市で上演された復曲能「鳳来寺」（2023 年 5 月）

東三河のどこからでも拝せる本宮山は古代から山岳信仰の対象であった。山頂をはじめ、山中の巨巌（岩）や巨木は神々の鎮まる磐座《いわくら》磐境《いわさか》として崇められ、宝川等の山水流は稲作の水源として尊ばれた。山麓の穂国平野部には穂国造一族の古墳も点在する。平安時代には「延喜式内社」に列せられ、国司が巡拝する三河一宮となった。

1565年、本多信俊の一宮砦が今川の大軍に包囲され、家康が寡勢で駆けつけて今川軍を蹴散らし、砥鹿神社に宿陣した「一宮の後詰（退口）」の逸話で知られる（本書24ページ「9」および30ページ「12」）。

4　紅葉の名所としても知られる霊山 鳳来寺山

鳳来寺は砥鹿神社と同じ頃に創建された。四十二代文武天皇の病気平癒祈願を命じられた利修《りしゅう》仙人が鳳凰に乗って来たという伝承が寺号の由来である。修験道の祖、役行者の兄弟とも伝わる利修仙人の加持祈祷が奏効し、天皇は快癒。この功によって702年、利修仙人が開山。本尊は利修仙人作の薬師如来である。

僧坊のひとつ医王院において、平治の乱で落ち延びてきた源頼朝が匿われた。後に頼朝は参道の石段（1425段）などを寄進し、寺を再興。鳳来寺弥陀堂は頼朝の命で安達盛長が定めた三河七御堂のひとつである。

鳳来寺は朝廷や貴族の信仰の対象から、やがて薬師如来を拝する民間信仰の霊場に変容。境内の鏡岩下遺跡からは灰釉陶器や渥美・瀬戸・常滑産土器、鏡が多数出土。中世以降、納骨、納経が盛んに行われたことがわかる。

戦国時代には近在の菅沼氏から寺領が寄進されたものの、豊臣秀吉の治世では300石のみ許され、他はことごとく没収された。

江戸時代に入ると幕府の庇護を受けて加増。1648年、三代将軍家光が日光東照社（後に東照宮）で「東照大権現縁起絵巻」を拝し、家康の生母於大《おだい》が当山に参籠して子を授かったとの逸話を知る。家光は当山諸坊の改築・造営だけでなく、家康を祀る東照宮を創建。寺領は東照宮領を含む1350石に加増された。

四代将軍家綱の治世になっても諸坊の増築は続き、延宝年間（1673〜1681年）に存在した僧坊は、天台宗11院坊、真言宗11院坊に及ぶ。

東海道御油《ごゆ》宿から至る街道は鳳来寺道と呼ばれ、鳳来寺は遠州・東三河では秋葉山本宮秋葉神社と並んで多くの参詣者を集めた。『東海道名所図会』にも煙厳《えんがん》山《さん》鳳来寺勝岳院として堂宇の詳細な記載がある。

明治に入り廃仏毀釈、神仏分離の影響が直撃する。

東照宮祭事を社僧や別当が行っていたため、新たに祠《し》官《かん》が派遣され、寺院と東照宮が分離される。明治政府は徳川と関係の深い鳳来寺にとりわけ厳しく対応し、寺社領没収。東照宮は何とか命脈を保ったものの、鳳来寺の衰勢は著しかった。

困窮の窮みにあった1905年（明治38）、高野山金剛峯寺の命を受けて京都法輪寺から派遣された服部賢成住職に当山再建が託された。並存していた天台・真言両宗派は真言宗五智教団に統一され、賢成住職の奔走によって旧寺領の一部も復元。賢成住職は、鳳来寺鉄道、田口鉄道、鳳来寺女子学園の設立にも貢献した。賢成住職玄孫である現在の藤本高全《こうぜん》住職は筆者の竹馬の友である。

鳳来山東照宮

傘杉

諸僧坊は度重なる火災や明治以降の廃仏毀釈と窮乏で廃絶するもの多く、松高院と医王院のみが現存する。家光によって建てられた鳳来山東照宮及び仁王門は国の重要文化財に指定されている。

山中には「声の仏法僧《ブッポウソウ》」であるコノハズクが棲息し、紅葉の名所として知られている。山系には日本一高いと称される樹齢800年以上、樹高約60mの「傘杉」もそびえる。

山はかつて勝岳山、桐生山、霧生山、煙巌山と称されていたが、今は鳳来寺山と呼ばれ、厳粛な霊山として敬われている。

5　飽海川の恵みと三河国府の設置

「穂国」が存在していた律令制（国郡制）の時代（7～10世紀）に東海道が誕生。当時、豊川は飽海川《あくみがわ》と呼ばれており、東海道には「飽海川の渡し」が設けられ、両岸に集落が形成されていった。

北岸域（現在の豊川市域）はそれ以前から発展しており、三河国府が置かれ、国分寺、国分尼寺も創建された。周辺には古墳も多く、その最大級の史跡が船山古墳である。

古墳群から出土した副葬品は大和を含む畿内における発掘物と共通しており、伊勢湾、三河湾の水上交通の覇権を握っていた畿内豪族とのつながりが推察できる。

豊川市小坂井町にある菟足《うたり》神社がそれを物語っている。祭神の菟上足尼命《うなかみすくねのみこと》は、大和地方で絶大な権力を有していた葛城襲津彦命《かつらぎそつひこのみこと》の玄孫であり、二十一代雄略天皇の時代に「穂国」国造に任命された古代人である。

平安時代に三河守として赴任した大江定基《さだもと》はこの地域の寺社に多くの足跡や逸話を残した。『今昔物語』『源平盛衰記』『三河伝記』等にも登場し、史実を辿ると興味深い人物だ。

「飽海川の渡し」北岸域のさらに海（西）寄りの地域（現在の蒲郡市域）は、古代の木簡に方原（現在の形原）、美養（同、三谷）の地名で登場している。

三河湾から上陸して三河国府に向かう要路である。平安時代に三河国司を務めた歌人、藤原俊成がこの地域の荘園開発を進め、熊野三山に寄進したことから、三河は熊野とのつながりが生まれた。

その熊野別当の湛快《たんかい》の娘婿が平忠度《ただのり》（清盛の弟）であったため、荘園は平氏領となった。源平合戦末期に熊野水軍が源氏に味方したことから、源頼朝はこの地域の荘園を引き続き熊野三山領とした。

こうした経緯で源頼朝がこの地域と関わることとな

り、頼朝は三河守護に任じた安達盛長に三河七御堂（普門寺、赤岩寺、財賀寺、鳳来寺、全福寺＝廃寺＝、長泉寺、金蓮寺）の庇護を命じた。

ここまでの間、飽海川南岸域（現在の豊橋市域）は古代、中世の主要な史実には登場しない。北岸域が先行して発展していた証と言える。やがて、飽海川は吉田川と呼ばれるようになる。

室町時代になると、北岸域は応仁の乱に先駆けて、三河守護の一色氏、続く細川氏の間で争乱になった。早くから争奪の対象となったことは、この地域の要衝ぶりを示している。ちなみに、この時代に創建されたのが豊川稲荷である。

この時期、南岸域では戸田氏、牧野氏が勢力を伸ばしていた。

室町時代末期になると、北岸域の一色氏、細川氏、さらには湛快の子孫に当たる鵜殿氏、南岸域の戸田氏、牧野氏、これらの勢力による攻防が激しくなった。

やがて、東の今川氏、西の松平氏、北の武田氏に挟撃されるようになり、この地域の近世史へとつながっていく。

豊川市小坂井町の菟足神社

境内で風車の販売

蒲郡市にある藤原俊成像

6 室町時代創建で狐がたくさんいる寺院 豊川稲荷

鎌倉時代の禅僧寒巌義尹《かんがんぎいん》が入宋。1267年、寒巌義尹は帰路の船上で加護を受けた吒枳尼天《だきにてん》を護法神として尊崇するようになった。

寒巌の六代目法孫にあたる東海義易《とうかいぎえき》（幼名岩千代）は9歳の時に曹洞宗法王派五世華蔵義曇《けぞうぎどん》の元で仏門入り。普済寺《ふさい》（浜松）で修行し、その後は諸国行脚。1439年、荒廃した真言宗寺院歓喜院（豊橋）を再建し曹洞宗に改め、1441年、豊川河岸円福ヶ丘に円福山豊川閣妙厳寺を創建し、千手観音を本尊とした。

創建に際して、寒巌作の吒枳尼天像を山門の鎮守として祀った。その姿は、白狐の背に乗り、稲穂を担いで宝珠を持ち、岩の上を飛ぶ天女の形である。豊川稲荷の「稲荷」とはこの吒枳尼天のことである。神社ではないが、境内参道には鳥居が立っている。

インドの古代民俗信仰に由来する仏教の女神だが、日本では稲荷信仰と習合し、稲荷神と同一視されるに至った。

俗説では、豊川稲荷は平八狐も祀っている。妙厳寺開山の時、平八郎と名乗る翁の姿をした狐が現れ、寺男として義易によく仕えた。義易が入寂した後は愛用の釜を遺して忽然と姿を消した。今もこの釜は本殿奥に安置されている。

室町時代末期に今川義元が伽藍を整備し、三河領主の徳川家康からも庇護され、九鬼嘉隆らの戦国武将も信仰した。諸堂は江戸時代末期から近代の再建であるが、現存最古の建造物である山門は1536年に今川義元が寄進したものだ。

江戸時代後期になると、大岡忠相《ただすけ》や田原藩家老渡辺崋山等も信仰したほか、立身出世や盗難避けの神として江戸庶民にも知られるようになる。1828年には、大岡邸の一角を借りて江戸参詣所（後の東京別院）が創建された。

妙厳寺本堂

霊狐塚

江戸時代末期、全国の寺社に吒枳尼天を勧請していた愛染寺《あいぜんじ》（伏見稲荷本願所）が廃されたことから、明治以降は豊川稲荷が吒枳尼天勧請の中心的存在となった。

全国の稲荷神社は京都の伏見稲荷を総本社としているが、豊川稲荷は神社ではなく寺院である。上述のとおり、信仰対象は「稲荷」と通称されているものの、稲荷神そのものではなく、吒枳尼天である。

江戸時代末期には東海道から豊川稲荷へ参拝するため、現在の豊橋市と豊川市に石の鳥居が立てられた。

明治維新後、1871年の廃仏毀釈、神仏分離令の影響を受けたものの、翌年には稲荷堂をそのまま寺院鎮守として祀ることが認められる。しかし、それまで境内の参道に立ち並んでいた鳥居は撤去され、「豊川稲荷」「豊川大明神」の呼称も使われなくなり、正式には「豊川吒枳尼真天」と号した。とはいえ、人々の信仰は篤く、間もなく通称として再び「豊川稲荷」と呼ばれるようになる。

なお、現在地に鳥居が立ったのは戦後である。この鳥居は江戸時代末期の東海道にあったものであり、この下を多くの旅人が通った往時が偲ばれる。1930年に境内に移転した。

千体以上の狐石像を誇る霊狐塚、参道の千本旗が印象的な豊川稲荷である。

7　長篠・設楽原の戦いをはじめ「戦国史の宝庫」

中世になり、飽海川《あくみがわ》は吉田川と呼ばれるようになった。吉田川北域（現在の豊川・蒲郡市域）は南域（同、豊橋市域）に先行して栄えたが、やがて南北両域で戦国武将が興亡する。

１４３８年、北域では長山一色城を築城した三河守護一色氏と、後任の守護細川氏との間で争いが始まった。

東から今川氏、西から松平氏に攻められて混沌《こんとん》とする中、長山一色城は牧野古白が奪取し（１４９３年）、牛窪城と改名した。

同年、戸田全久《ぜんきゅう》（宗光）が南域に二連木城を築城。

１５０５年、その西側に牧野古白が今橋城を構えた。

吉田川南北域には今川氏が侵攻するとともに、牧野氏、戸田氏の土着勢力間の争いもあって混沌としていたが、１５２９年、三河から侵攻してきた松平清康（松平七代目、家康の祖父）に平定された。

しかし１５３５年、その清康が尾張遠征中に家臣に殺害され（森山崩れ）、三河全域が混乱に陥った機に乗じ、東から今川義元、西から織田信秀が侵攻。結果的にこの地域は今川氏の影響下に置かれた。

１５６０年、桶狭間の戦いで今川義元が討ち死にし、配下にあった松平元康（のちの徳川家康）は今川氏を離れて岡崎に帰城。元康は東三河に勢力を伸ばし、１５６５年に吉田城（今橋城）を奪取。酒井忠次を入城させ、牧野氏等の土着勢力も帰順させた。

元康改め家康が秀吉によって関東移封となり、１５９０年、池田輝政が吉田城主となって江戸時代を迎える。

なお、隣接する渥美半島（現在の田原市域）は概ね戸田氏の勢力下にあった。

一方、三河湾岸域（現在の蒲郡市域）では15世紀半ばに松平三代目の信光が勢力を伸ばし、分家（竹谷松平氏、形原松平氏、五井松平氏、鵜殿松平氏）を配した。域内の形原城《かたはらじょう》、上ノ郷城等は、松平氏、今川氏、織田氏の攻防戦の中で翻弄《ほんろう》された。

「穂国」山間部（現在の新城市、設楽町、東栄町、豊根村域）では、1424年に奥平貞俊が亀山城を築いた頃から山家三方衆《やまがさんぽうしゅう》、すなわち作手《つくで》奥平氏、長篠菅沼氏、田峯菅沼氏の土着勢力が支配していた。16世紀半ばになると、信濃から南下する武田勢との合戦に備える徳川方の防衛線を担わされた。

しかし1571年、山家三方衆は武田方に切り崩されて徳川方から離反。武田軍本隊が帰郷すると、今度は徳川軍の攻撃にさらされ、三方衆の関係は次第に揺らいでいく。

1573年8月、奥平貞能《さだよし》が武田方から離反して徳川方に再属。奥平氏と菅沼氏の運命は大きく分かれる。

1575年5月の長篠・設楽原の戦いでは、当主貞能が徳川方についた奥平氏に対し、菅沼氏は長篠・田峯両家ともに武田方で参戦したものの、支家である野田菅沼氏の当主定盈《さだみつ》は徳川方に帰順。奥平・菅沼氏とも徳川・武田の争いに翻弄され、その影響は江戸時代まで尾を引く。

「穂国」は戦国史の宝庫であり、眠る観光資源を抱えている。

長篠城址

長篠合戦のぼり祭りで営まれる戦没者への供養（5月）

8　信長・家康勢の勝利に貢献した鳥居強右衛門

中世の「穂国」山間部（現在の新城市、設楽町、東栄町、豊根村域）は山家三方衆《やまがさんぽうしゅう》、すなわち作手奥平氏、長篠菅沼氏、田峯菅沼氏が支配していた。

戦国時代、山家三方衆は武田氏、徳川氏の挟撃を受けて翻弄《ほんろう》され、その最終局面が長篠・設楽原の戦いである。

1571年に武田方についた山家三方衆だったが、1573年、奥平貞能が離反して徳川方に再属。その嫡男、貞昌（信昌）は武田方と対峙《たいじ》する最前線の長篠城を家康から託された。

貞昌の家臣が鳥居強右衛門勝商《すねえもんかつあき》である。

1575年5月、南下してきた武田勝頼軍約1万5000に包囲された長篠城の兵力は約500。5月8日の開戦後、よく持ちこたえたものの、13日に武田軍の火矢で城の兵糧庫を焼失。籠城は困難となり、貞昌は岡崎城へ使者を送り、織田・徳川勢に援軍を要請することを決断した。しかし、要請に行くには誰かが城を抜け出し、武田包囲網を突破しなくてはならない。

その役目を志願したのが強右衛門である。

14日夜、下水口から城郭の崖下を流れる寒狭川《かんさ》に降りて渡河し、包囲網を突破。翌15日朝、長篠城から見える雁峰山《かんぼうさん》で狼煙《のろし》を上げて城内に脱出成功を伝えた後、16里強（約65㎞）を走り続けて午後に岡崎城に到着。援軍要請を受けた織田・徳川勢約3万8000が長篠城へ向けて出発した。

援軍と行動をともにすることを勧められた強右衛門だったが、朗報を味方に一刻も早く伝えるべく単身長篠城に向かった。

16日早朝、再び雁峰山で狼煙を上げた後、入城を試みたものの、狼煙に呼応して城内から歓声が上がるのを不審に思った武田軍が警戒し、強右衛門はあえなく捕縛された。

松永寺にある強右衛門の木造＝豊川市市田町で

勝頼は織田・徳川の援軍到着前に長篠城を落とすべく、強右衛門に助命と武田家臣として厚遇することを条件に「援軍は来ない」との虚偽の情報を城に伝えるよう強要する。城兵の士気を落とし、投降、落城させる戦略だった。

強右衛門は表向き承諾し、長篠城から見える場所に磔《はりつけ》にされた。しかし、死を覚悟していた強右衛門は勝頼をあざむき「まもなく援軍が来る」と城に向かって叫んだため、即座に処刑された。

強右衛門が自らの命と引換えに伝えた朗報に城兵は奮起し、長篠城は援軍到着まで持ちこたえた。その結果、21日の設楽原の戦いで武田軍が織田・徳川連合軍に敗れ、戦国史は大きな節目を迎えることとなった。

強右衛門の武勇がなく、長篠城が落城していたら、設楽原の戦いの結果も変わり、信長・家康のその後も戦国史も大きく変わっていたかもしれない。信長は強右衛門の武勇に感銘し、強右衛門の妻の故郷作手村（新城市作手）甘泉寺に墓を建立。新城市有海の新昌寺にも強右衛門の墓がある。

豊川市市田町の松永寺には強右衛門生誕地の碑が建ち、磔姿の木像が安置されている。飯田線鳥居駅は強右衛門最期の地にちなんで駅名が決められた。

全国に知らしめたい穂国の戦国列伝である。

9 三河を統一した家康のルーツ 松平氏

東三河史とも関係が深い徳川家康（1566年、松平元康から改名）の祖先は松平八代と称される。

14世紀末、諸国を遍歴していた時宗僧徳阿弥が三河に辿り着いて加茂郡松平郷（豊田）の松平太郎左衛門信重の娘婿となり、松平親氏《ちかうじ》を名乗る。

二代泰親（15世紀前期）は岩津城奪取。三代信光（同中期）は安城・岡崎二城を奪取。四代親忠（同後期）は安城松平初代。1475年、大樹寺（松平氏菩提寺）創建。五代長親（1473～1544年）は安城松平二代で家康高祖父。1506年の今川氏三河侵攻を撃退。六代信忠（1490～1531年）は安城松平三代。家康曽祖父であり、勢力域を拡大。

七代清康（1511～1535年）は家康祖父で安城松平四代。東三河や尾張に進出。織田信秀攻略のため尾張守山に布陣中、家臣に暗殺された（守山〔森山〕崩れ）。

八代広忠（1526～1549年）は父清康の死後、家中内紛により岡崎を追われ、伊勢・遠江を放浪。1537年、今川義元の後ろ盾で岡崎帰城。以後、今川方となって織田勢と対峙。1540年、水野忠政の娘於大と結婚し元康誕生。1549年、岡崎城内で織田方の刺客に暗殺される。

広忠の子が松平元康（1543～1616年）、後の徳川家康である。家康の時代までに分家した松平一族は十八松平と総称する。「松」の字を分解し「十八公」とする中国の慣習から着想された。

このうち大草松平は額田郡大草郷（幸田）の一族。三代当主の時に清康に岡崎城を奪われ、大草に退去。四代当主は三河一向一揆で一揆側についた。

桜井松平は碧海郡桜井（安城）を領有。宗家の座に執着し、宗家七代清康が守山崩れで横死すると、織田信秀の支援を受けて岡崎城を占拠し、清康嫡男広忠を放逐。しかし、広忠を跡目と考える多数派に今川氏も

龍拈寺＝豊橋市新吉町

与し、宗家簒奪に失敗。三河一向一揆では一揆方及び吉良氏等と結んで再び宗家転覆を企てるも、元康に鎮圧されて失敗。

　桶狭間の戦いの翌1561年、元康は今川方支援を受けた吉良氏と交戦。10月、龍拈寺《りゅうねんじ》（豊橋）で松平方人質が今川氏真の命により処刑された。

処刑された13人を供養する十三本塚＝豊橋市富本町

　1563年、今川方大軍に囲まれた三河一宮城からわずかな手勢で家臣を救出した元康は砥鹿神社に宿営し、岡崎城に帰城。「一宮の後詰（退口）」として知られる元康の武勇伝である（本書12ページ「3」および30ページ「12」）。

　その後、今川方の策謀もあって1563年から1564年に三河一向一揆勃発。その際、上記のとおり大草松平、桜井松平は一揆側につく。

　一揆鎮圧後の1564年以降、元康は東三河侵攻を本格化。奥三河奥平氏や二連木城戸田氏に領地を知行したことで、両氏は今川氏から松平氏に下る。元康は吉田や田原の知行も断行。吉田城、田原城には今川方守将がいたが、元康の知行は今川氏の実効支配がもはや及んでいなかったことを示す。両城は1565年に陥落し、家康は吉田城に酒井忠次、田原城に本多広孝を配す。1565年5月、今川方最後の守将、牛久保城牧野成定が元康に帰順。東三河から今川方は一掃され、元康が三河を統一した。

10 譜代大名が配置された三河吉田藩

江戸時代に入ると、「穂国」一帯には、三河吉田藩（現在の豊橋市域）、形原藩（同蒲郡市域）、田原藩（同田原市域）、新城藩（同新城市域）が置かれた。現在の豊川市域は、三河吉田藩、西大平藩、新城藩が治め、旧設楽郡域には作手藩もあり、諸藩の域外には隈なく旗本領・寺社領が置かれた。この地域の豊かさの証しと言える。

三河吉田藩は東海道の要衝地である吉田宿を擁していたことから、歴代藩主には徳川家譜代の藩主が入れ替わり入封し、吉田藩主になることは幕閣への登竜門と言われた。

吉田宿は東海道五十三次の34番目の宿場町であり、城下町、湊町（吉田湊）としても栄えた。藩内には二川宿のほか、東海道脇街道である姫街道（本坂通）の嵩山《すせ》宿もあった。吉田大橋（豊橋）はその重要性から幕府直轄管理とされていた。

江戸中期の吉田宿は一里弱の長さに及び、本陣2軒、脇本陣1軒、旅籠《はたご》65軒、戸数千戸超、人口約7000人の大宿場町であった。軍事上の観点から曲がり角が多くつくられ、現在も縁《ゆかり》の地名（曲尺手町《かねんてちょう》）が残っている。

1590年小田原征伐後に豊臣秀吉の家臣池田輝政が吉田城主となったが、輝政は徳川家康の娘婿となり、1600年関ヶ原の戦い後に移封され、翌1601年、徳川譜代の重臣竹谷松平家の家清が入封。三河吉田藩が立藩された。

以後、江戸時代を通して、竹谷松平（2人）、深溝松平（2人）、沼津水野、山形水野、小笠原（4人）、久世、牧野（2人）、大河内松平、本庄松平、大河内松平（7人）の9家22人の藩主が治めた。最後の藩主は大河内信古《のぶひさ》である。

竹谷松平3万石から牧野8万石まで、石高は時々に増減したが、最後の藩主大河内信古の代は7万石であった。

歴代藩主のうち10人が幕閣となり、「奏者番」「寺社奉行」「京都所司代」「大坂城代」「側用人」「若年寄」「老中」などを歴任した。

雪の吉田城　豊橋市提供

豊橋市の徽章

小笠原代に主家が定着し、吉田城と城下整備に腐心。向山に大池を造り、惣濠（外堀）に水を入れるとともに田畑の灌漑に用い、新田開発にも注力して藩政が安定した。

小笠原後は再び主家が頻繁に入れ替わり、大河内松平の代になって再度定着。大河内松平二代（通算十六代）信復は1752年に藩校時習館を開学した。

歴代藩主の中で最も知られているのは、大河内松平四代（通算十八代）信明である。1788年に老中に任じられ、松平定信の寛政の改革に参画。1793年、定信が辞すると老中首座となり、幕政を担った。

老中を短期間で辞した大河内五代（通算十九代）信順《のぶより》の頃から藩財政が窮し、七代（同二十一代）信璋《のぶあき》は幕閣に入らずに藩政改革に専心。1848年には家臣の知行借上、御用金調達、諸経費4割節減等を断行しようとしたが、翌年逝去して改革は頓挫。三河吉田藩は財政が窮したまま幕末を迎えた。

ちなみに、現在の市役所の徽章は大河内松平家の馬印「千切小御馬印」になっている。

11 東西の三河に存在した18藩

江戸時代に東三河、西三河には18藩が立藩した。江戸時代を通して幕末（1871年）まで存したのは、刈谷藩（1600年〜）三河吉田藩・西尾藩・田原藩（1601年〜）岡崎藩（1602年〜）挙母《ころも》藩（1604年〜）の6藩である。

18藩のうち東三河域には、三河吉田藩、田原藩、作手藩（1602〜1610年）、新城藩（1606〜1648年）、形原藩（1618〜1619年）、畑村藩（1688〜1869年）、西大平藩（1748〜1871年）の7藩が立藩した。

三河吉田藩史の詳細は前項（本書26ページ「10」）で述べたが、藩主の無嗣・移封等によって、竹谷松平→深溝松平→水野→小笠原→久世→牧野→松平→大河内松平と主家が変遷した。

田原城は1480年に戸田宗光が築城。徳川家康、池田輝政の統治を経て1601年、伊豆下田より徳川譜代の戸田宗光傍系一族である戸田尊次が入部し、田原藩立藩。1664年、三代藩主忠昌は肥後天草富岡藩に移封され、三河挙母藩より三宅康勝が入部。三宅家は名門であり、知行高に較べて藩士が多い一方、田原の領地は痩地ゆえに財政難に苦しんだ。1832年、十一代藩主康直が登用した家老渡辺崋山は手腕を発揮し、天保大飢饉から藩を救った。地政学的に海防意識が強い藩で、軍制改革や大砲鋳造、洋式砲術導入を推進した。

作手藩庁は亀山城（新城）。奥平信昌と徳川家康の長女亀姫との間に生まれた松平忠明は家康の養子となり、関ヶ原合戦後の1602年に作手に入部、作手藩を立藩。忠明は伊勢亀山藩に移封されたため廃藩となった。

1575年長篠合戦で信長・家康連合軍の勝利に貢献した奥平信昌は豊川沿いに新城築城を命じられ、翌1576年完成。家康が小田原合戦後に関東に移ると、新城は東三河4郡（宝飯郡・設楽郡・渥美郡・八名郡）を治める三河吉田城主池田輝政の支配下入り。1606年、尾張緒川藩より水野分長《わけなが》が入部、新城藩立藩。子の元綱が継いだが、上野国安中藩に移封となり、廃藩。徳川旗本菅沼家が入部し、旧城下は江戸時代末期まで菅沼家の陣屋町となる。

形原藩は、発祥の地を知行していた旗本形原松平家が1618年に関東地方で加増を受けて大名に列して立藩。翌年転封したため、藩として存続したのはごく短期間であった。

畑村藩庁は畑村陣屋（田原）。戸田氏鉄の次男戸田氏経が旗本として取り立てられ、徐々に加増されて戸田氏成の時に1万石を超え、立藩。藩領は三河国と美濃国。

田原城址

西大平陣屋跡＝岡崎市大平町

西大平藩庁は西大平陣屋（岡崎）。八代将軍徳川吉宗の信任を受け江戸南町奉行として享保の改革を実行した大岡忠相《ただすけ》が1748年、積年の功績により加増を受けて西大平藩を立藩。江戸町奉行から大名になったのは忠相のみ。以後、忠相の子孫が継承。江戸に居住し参勤交代をしない定府大名であり、西大平村に陣屋のみが設置された。

ちなみに西三河は、刈谷藩、西尾藩、岡崎藩、挙母藩、伊保藩、深溝藩、三河中島藩、足助藩、奥殿藩、大浜藩、西端藩の11藩である。

12 東海道屈指の歓楽街として栄えた御油・赤坂宿

江戸時代、三河吉田藩（現在の豊橋市域）の北に位置する現在の新城市域の北部（旧設楽郡）には菅沼氏の領地や作手藩が置かれた一方、南部（旧八名郡）は武蔵国（現在の埼玉県深谷市域（旧岡部町））岡部藩の飛領地であった。

岡部藩の藩祖は徳川氏譜代の家臣、安部信盛。安部氏は元々今川氏の重臣。武田氏が今川氏を滅ぼしたのち、多くの今川家臣が武田氏に従う中、安部氏は徳川氏に帰順。信盛は武田氏と戦い、関ヶ原の戦いや大坂の陣で武功をあげ、武蔵国に立藩を許された。

譜代の安部氏は定府大名（江戸常駐大名）であり、1668年には三河国宝飯郡に三千石の領地を加増された。それがこの地の飛領地である。

伊那街道を馬で下ってくる陸運と豊川を上る海運の結節点であり、「山湊馬浪《さんそうばろう》」と称された。

1868年、安部氏は藩庁を武蔵国から半原村（現在の新城市富岡）に移して半原藩を立てたものの、1871年、廃藩置県によって半原県となり、まもなく額田県、愛知県に合併された。

現在の豊川市域も、桶狭間の戦い後は松平元康の勢力下となった。砥鹿神社付近に一宮砦《とりで》を築いて家臣の本多信俊を配置。1564年、一宮砦を襲撃した今川氏真の軍を元康（家康）が撤退させた「神君一宮砦後詰め」の逸話が伝わる（本書12ページ「3」および24ページ「9」）。

家康の関東移封後は豊臣家臣の吉田城主、池田輝政が治めたが、江戸時代になると三河吉田藩、西大平藩、新城藩の領地や寺社領、旗本領が置かれ、三河天領を管理する代官所も設置された。

脇街道である姫街道（本坂道）の追分宿でもあった御油宿や赤坂宿は、飯盛女《めしもりおんな》の待つ東海道屈指の歓楽街として栄えた。今も残る市指定建造物の旅籠《はたご》大橋屋や、国の天然記念物である御油《ごゆ》の松並木が往時をしのばせる。

現在の蒲郡市域には、戦国時代に岩津城（岡崎市岩津町）の城主、松平八代の三代目信光が勢力を伸ばし、竹谷松平家、形原松平家、五井松平家、鵜殿松平氏などの分家を置くとともに、上ノ郷城、形原城などを築城した。

桶狭間の戦いで今川義元が没して元康が岡崎に戻ると、分家は今川方、松平方、いずれに帰順するかで振り回された。

豊川市域と同様、家康関東移封後に吉田城主、池田輝政がこの地を治めたが、江戸時代には、現在の市域の多くは旗本・寺社領となり、一部は岡崎藩や、竹谷松平家などが治めた三河吉田藩、形原松平家が治めた形原藩の領地となった。

三河木綿の生産や、平安時代以降衰退していた製塩が復活し、平坂《へいさか》街道を経由して各地に運ばれた。

現在の北設地域のうち、設楽町域は江戸時代には幕府領や挙母藩領となった。東栄町域は、一部が寺社領、他は幕府領となり、豊根村域は全て天領であった。

なお、豊根村域には平安時代に南朝後醍醐天皇の孫、尹良《ゆきよし》親王が居館を設けたと伝わり、現在も茶臼山高原の坂宇場に「御所平」という地名が残っている。

砥鹿神社

旅籠大橋屋

御油の松並木

13 今橋から吉田、そして豊橋へ

平安時代中期の貴族源順《みなもとのしたごう》の著書『和名抄』に全国の「郷（村）」４０４０の名が記された。郷は律令制の「里」であり、約50戸で構成された。三河渥美郡には幡太《はだ》・和太《わだ》・渥美・高蘆《たかし》・礒部・大壁《おおかべ》、豊川の西側には篠束《しのづか》・渡津《わたつ》・豊川・宮島の郷が記されている。

平安時代までに穂国の一部は伊勢神宮の神戸《しんこ》となったことから、後の鎌倉・室町・江戸幕府も神宮領を保護した。

鎌倉時代、豊川の「然菅《しかすが》の渡し」は渡河に困難が多いために現在の当戸《とうご》付近を渡るようになり、源頼朝も上洛時にこの辺りに泊まったと伝わる。

室町時代には「今橋」の地名が登場。豊川に架橋したことに由来する。今橋の音が「忌まわし」に繋がるため、葭《よし》の生えた低い土地「葭田」から「吉田」と転じていった。改名の主は１５２２年の牧野信成とも１５３３年の今川義元とも伝わる。１５０５年に今橋城を築城した牧野古白が吉祥山を信仰しており、旧姓が田口であったことと絡めて「吉田」としたという説もある。

いずれにしても、豊川は江戸時代末まで吉田川と呼ばれていた。

牧野古白は築城の翌年、戸田金七郎に攻められて敗死。古白の遺児牧野成三・信成が１５２１年頃に城を奪還するも、１５２９年に牧野伝兵衛に滅ぼされ、１５３５年には戸田金七郎が奪還。しかし、１５４６年に今川義元支配下となり、伊藤祐時等が入城。１５６４年、徳川家康重臣の酒井忠次が城主となり、１５７１年武田信玄、１５７５年武田勝頼の攻撃に耐え、徳川と武田は同年の長篠合戦に至る。その後、豊臣秀吉配下の池田輝政は15万２０００石の領地を誇り、吉田の整備が進む。

豊川には酒井忠次が関屋に架けた土橋があったが、

秀吉が小田原征伐の際に大水で豊川を渡れず下地に3日間足止め。そのため、秀吉の命で池田輝政は舟町に大きな木造の橋を架橋。現在の吉田大橋の位置である。

江戸時代には東海道五十三次の三十四番目の吉田宿となった。東は二川宿、西は御油宿である。吉田城を町奉行所・役宅などが囲み、城東に武家屋敷、城南に東海道が通った。

東国方面から東海道を吉田宿に入ると、瓦町・新町（東・西・今新町）から外堀に至る。堀は二重で大池から水を引く。木戸・番所を通って城下に入ると赤門があり、やがて清須屋等の吉田宿本陣がある城下中心の札木町を通り、再び北上して本町・上伝間町等を経て吉田大橋に至る。東海道の道幅は3間3尺から4間3尺、町並みは一列で裏手は畑であった。

内堀と外堀の間は全て武家屋敷であり、その中を東西に貫くのが八町小路。長さが8町41間3尺であったことから八町小路と呼ばれ、この地域も八町と呼ばれた。藩校時習館も八町に置かれ、この地は吉田藩政の中心であった。

江戸時代を通して吉田城下、東海道筋の戸数・人口は、概ね民家1000軒、人口5000〜6000人、武家900軒、人口9000〜1万人と推測される。

明治維新後に、吉田藩の藩名は吉田大橋の通称「豊橋」に因んで豊橋藩となる。

池田輝政肖像画　東京大学史料編纂所蔵

「東海道　吉田（東海道名所風景）」
二代歌川広重画　豊橋市二川宿本陣資料館蔵

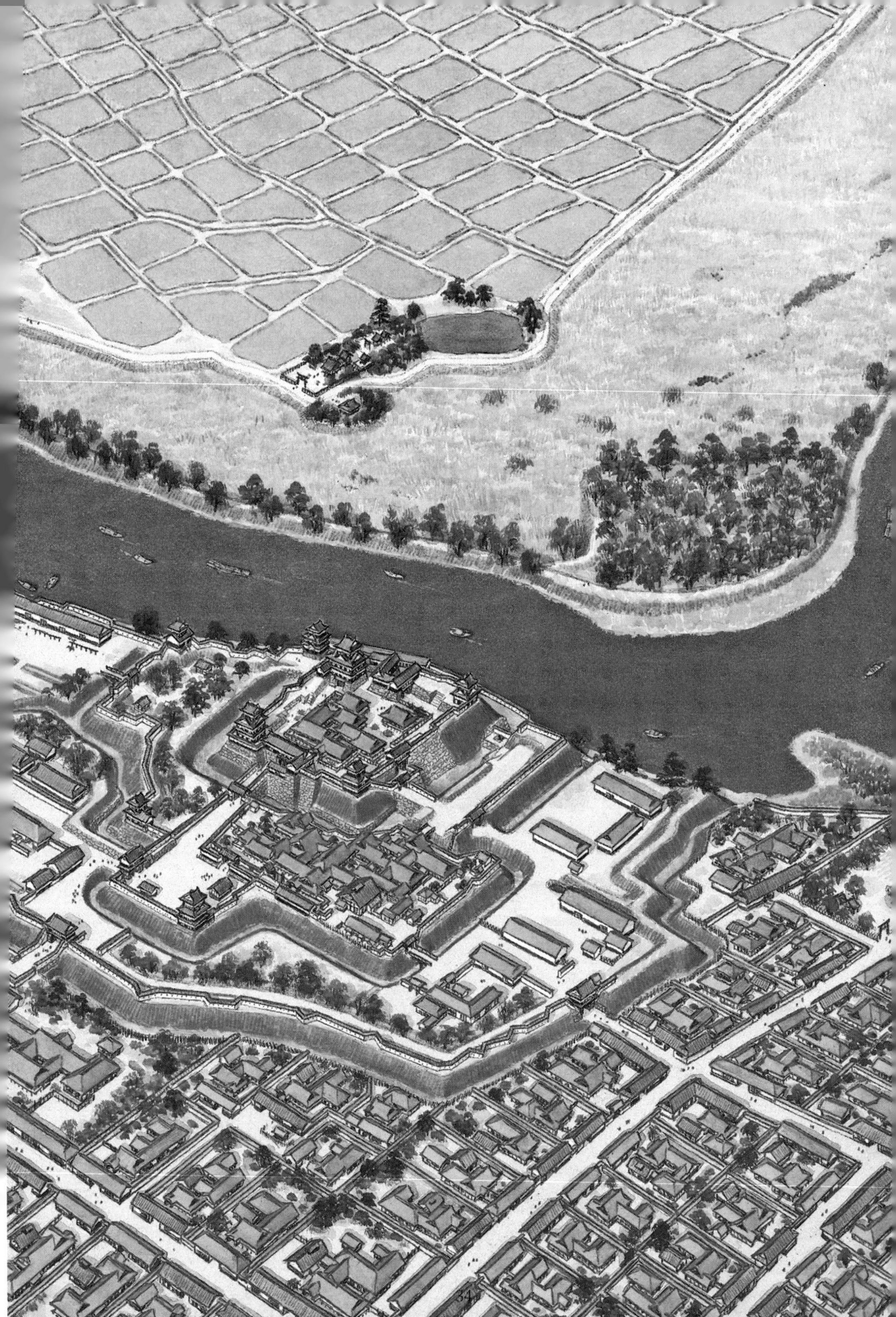

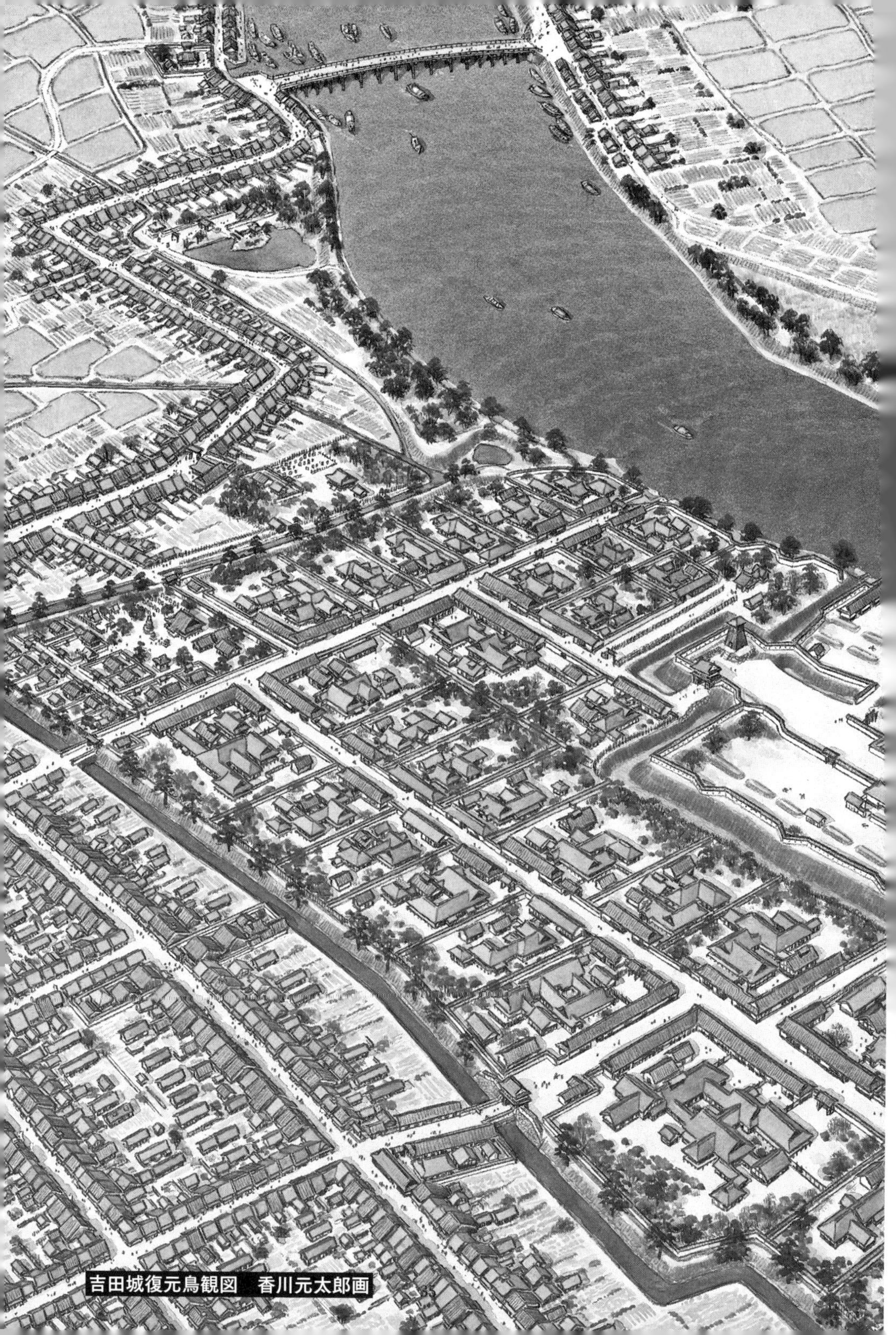

吉田城復元鳥観図　香川元太郎画

14 渥美半島田原藩の名家老 渡辺崋山

現在の田原市域は、戦国時代は戸田氏、江戸時代は三宅氏の城下町として栄えた。

15世紀以降、三河国内で勢力を伸ばした三宅氏は松平氏とも争っていたが1558年、三宅政貞が松平元康（徳川家康）に帰順し、家臣となった。その子、三宅康貞は江戸時代に挙母藩主、伊勢亀山藩主を務めた後、田原藩主となって幕末まで存続。三宅氏は1万2000石の小藩ながら、譜代大名として城持の家格であった。

領地の渥美半島は慢性的な水不足に苦しみ、強風のうえ、土地が痩せていたことから農業は振るわず、江戸時代を通して、田原藩は経済的に困窮し続けた。

この田原藩の江戸時代後期の名家老であり、画家、文人としても知られたのが渡辺崋山である。

1793年、崋山は江戸詰（定府）田原藩士の長男として江戸藩邸で誕生した。藩邸前の坂（現在の最高裁判所前）は藩主の氏に因んで三宅坂と呼ばれ、今も地名が残っている。

藩財政が困窮する中、幼少時代の崋山は家を助けるために得意であった絵を売って生計を支え、結果的に若くして画家、文人として著名となった。

学問にも秀でていたことから、やがて納戸役・使番など藩主に近い役目を任され、33歳で取次役に出世。1832年、39歳で年寄役末席（家老職）に就任し、以後藩政改革に尽力した。

稲作の技術改良、鯨油による害虫駆除法の導入、商品作物栽培、藩士の内職（土焼人形製造）奨励などにも取り組み、殖産興業に努めた。

天保の大飢饉の際には、あらかじめ食料備蓄庫（報民倉）を築いていたことや「凶荒心得書」を著して飢饉対策・領民救済を徹底させたことから、貧しい藩でありながら餓死者を出さなかった。こうした手腕から、その名は幕府や諸藩に知られることとなる。

飢饉対策などを論じるために、高野長英をはじめとする蘭学者の集まりのひとつ「尚歯会《しょうしかい》」に参加していた。それが後に崋山の運命を左右することになる。

崋山は助郷《すけごう》（幕府から課される労役）免除を嘆願するため、海に面した田原藩は海防政策に腐心していることを口実として利用した。その結果、田原藩は幕府や諸藩から海防に熱心な藩と目されたが、崋山自身の内心は開国論であったといわれている。

欧米列強の日本進出の動きに呼応し、幕府は１８２５年に異国船打払令を発布。１８３７年、日本人漂流民（音吉ら7人）を引き渡しに来た米商船モリソン号を英軍艦と錯誤し、日本側砲台が砲撃する事件が発生した。

この事件を機に翌１８３８年、幕府の対応を批判する「慎機論」を執筆。尚歯会などに参加する蘭学者たちは崋山に師事するようになり、崋山自身は蘭学者ではないものの、高名な尊王攘夷派藤田東湖（水戸藩士）から「蘭学にて大施主（蘭学の指導的人物）」と呼ばれるに至る。

この「慎機論」が、崋山を追い込むこととなる。

崋山肖像画
田原市博物館蔵

渡辺崋山像＝田原市で

15 幕末の開明的な蘭学者だった渡辺崋山の自刃

モリソン号事件（1837年）に端を発し、渡辺崋山は幕府の対外（鎖国）政策、海防政策を批判する「慎機論」を書き下ろしたものの、藩年寄の立場を鑑み、公にはしなかった。

一方、盟友高野長英が匿名で書いた同趣旨の「戊戌夢物語」は市中に広まり、著者は崋山との風説も流れた。1839年、同書は老中水野忠邦が見聞するに及び、目付鳥居耀蔵に著者探索が命じられた。

幕府朱子学を支える林家《りんけ》出身であり、蘭学を目の敵にしていた鳥居は、崋山を内偵。策謀によって、崋山に米国密航計画の嫌疑までかけた。

鳥居は「蘭学にて大施主」と称された崋山を断罪するとともに、同調者と目される同僚幕臣を追い落とし、蘭学信奉者、幕政批判者の弾圧を画策した。

5月、崋山ほか数人が捕縛された。老中水野の取り調べの結果、米国密航計画は鳥居配下の内偵者の策謀と判明し、崋山の嫌疑は晴れたかにみえた。

しかし、譜代大名の重臣に事実無根の嫌疑をかけたとなれば幕府の信頼が揺らぐことから、奉行所は嫌疑を密航から幕政批判に切り替え、崋山の屋敷で発見された「慎機論」を問題視するに至った。

長英を含む他の捕縛者全員が罪を認めて奉行所作成の口書に書判したこともあり、7月、崋山も口書に書判させられて有罪を認めた。

崋山の書判した口書の末尾には「別して不届」という文言が入っており、当時の慣習ではそれは死罪を免れないことを意味した。

崋山の有能さ、人格の高潔さを知る儒学者松崎慊堂の助命嘆願が奏効し、崋山に同情的であったとも伝わる老中水野は斬刑の伺書を差し戻した。

12月、水野は崋山に在所蟄居《ちっきょ》を命じた。翌1840年1月、崋山は田原に護送され、当地で暮らし始めた。

１８４１年、文人画（南画）家としての崋山の門人たちが、田原池ノ原屋敷で謹慎生活を送る崋山一家の貧窮ぶりを憂慮し、江戸で崋山の書画会を催した。

当代一流と目された崋山の絵は人気を博して高値で売れ、門人たちはその代金を生活費に充てることを勧めた。ところが、それが災いした。

藩内の反崋山派による讒《ざん》言もあって、生活のために絵を売っていたことが幕府や藩内で問題視され、藩や家族に迷惑が及ぶことを恐れた崋山は「不忠不孝渡辺登」の絶筆を遺し、10月、池ノ原屋敷の納屋で切腹した。享年49。

反崋山派の圧力は死後も強く、息子の渡辺小崋が家老に就任して家名再興を果たした後も墓建立が許されなかった。幕府が崋山の名誉回復と墓建立を許可したのは、維新後の１８６８年（明治元）4月であった。

１８９１年、崋山に正四位の位階が贈られ、１９４６年（昭和21）、田原城出丸跡に崋山を祭神とする崋山神社が創建された。崋山の墓所は田原市城宝寺にある。

崋山は、幕末史初期の代表的開国論者であり、「穂国」史を語るうえで忘れてはならない人物である。

田原藩は田原県、額田県を経て、１８７１年に愛知県に編入された。

渡辺崋山の絶筆
田原市提供

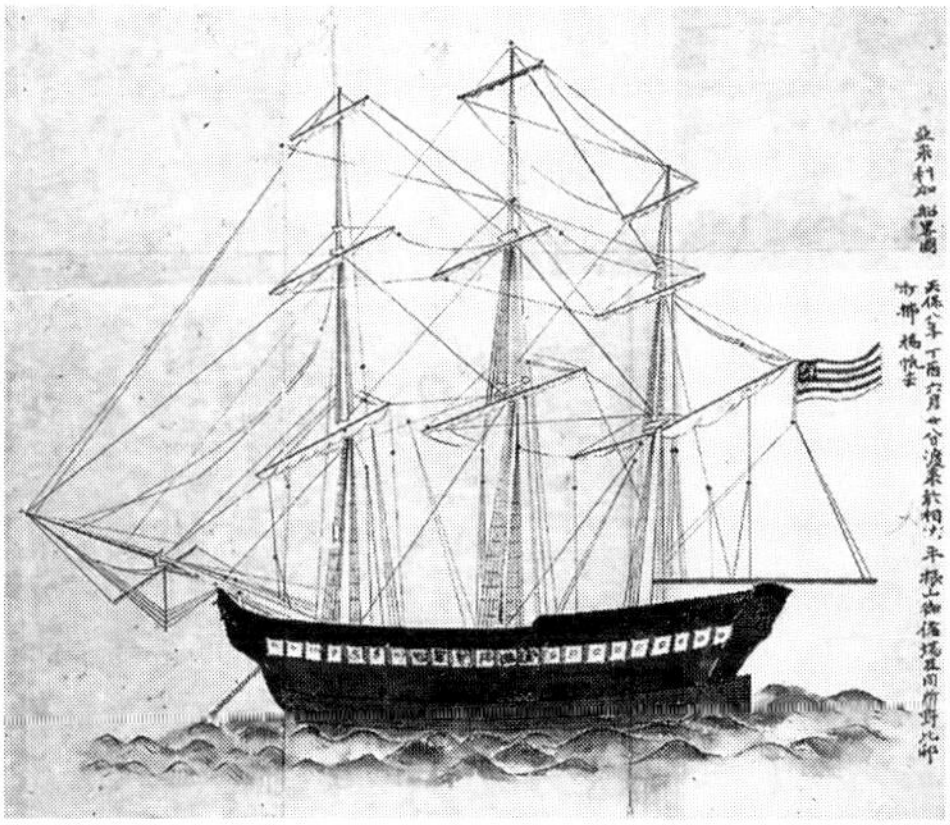

モリソン号

16 吉田藩の開明派 穂積清軒の幕末

1868年（明治元）、「穂国」も明治維新を迎えた。翌1869年の版籍奉還を機に、宿場町であった吉田城下は豊橋と改名された。1871年に廃藩置県となり、村や郷が再編されていった。その後の「穂国」は豊橋を中心に展開していくことになる。

1878年の郡区町村編制法によって渥美郡豊橋町となり、1888年に豊橋駅が開業、世紀も変わった1906年に豊橋市となった。

この間の豊橋の歴史は興味深い。幕末維新史に名を遺す人物が何人も関わっているが、残念ながら語り継がれていない。郷土史のみならず、歴史全体にとってもったいないことだ。

時間を幕末に戻そう。譜代大名であった三河吉田藩主は幕閣への登竜門。藩主はほとんど江戸詰めとなり、藩内の殖産興業に腐心することもなく、城下は江戸時代を通して戸数約1000戸、人口5000～6000人規模の宿場町のままであった。

それは、「穂国」が温暖な気候と海山川の幸に恵まれた豊かな地域であったことの証である。古くは関ヶ原の戦いに際し、この地域は東軍（徳川方）の兵站（量米）拠点とされたほどだ。

平穏な三河吉田藩も幕末史に翻弄《ほんろう》され、その中で台頭した藩士の中から藩政や維新後の「穂国」史に大きな影響を与える人物が登場する。

まずは、三河吉田藩士から幕臣に登用され、蘭学者としても知られた穂積清軒《せいけん》に触れておきたい。

1836年、筆頭御用人穂積喜左衛門の長男として生まれた清軒は藩主近習として仕えていたが、やがて蘭学に関心を抱いた。

1856年、軍制を洋式に改めることを主張する建白書を提出。さらに休職を願い出て、以後、村田蔵六（長州藩兵学者、後の日本陸軍創設者）等に師事して蘭学を学んだ。

1862年、幕府の軍艦操練所翻訳方として幕臣に取り立てられ、1864年、海軍幼年学校創設の建白書を提出。

頭角を現した清軒は藩に呼び戻され、1866年、藩内で蘭学を教授。1867年、将軍警護を命じられた藩主松平信古《のぶひさ》に海路での上坂（大坂入り）を進言し、自ら幕府より翔鶴丸（幕府海軍2号鑑）を借り受けた。

1868年1月6日、鳥羽伏見の戦いが勃発すると、佐幕派であった清軒の進言もあって三河吉田藩は幕府方につくことを決めたものの、将軍徳川慶喜が大坂城を脱出して江戸に帰ってしまったことから、藩主信古は吉田城へ、清軒は江戸上屋敷に戻った。

穂積清軒

1月13日、三河吉田藩は新政府恭順に転向したが、5月15日に上野戦争が始まると藩士数十人が彰義隊に呼応。清軒も加勢したとの嫌疑がかけられて入獄し、解放されて帰藩した後も蟄居《ちっきょ》謹慎の身となった。

維新後は清軒の能力を知る新政府から再三仕官を求められたが、盟友中村道太と旧吉田城内に洋学塾（好問社）を設立して社主となり、教育に注力した。

1874年（明治7）、持病であった脳腫瘍が悪化して他界。享年38であった。

三河吉田藩江戸上屋敷は、現在の東京駅呉服橋側にあった
©Google Earth

17 幕末の動乱に翻弄された三河吉田藩

幕末動乱に譜代大名の三河吉田藩も翻弄される。1867年（慶応3）10月14日（11月9日）の大政奉還後、朝廷が各藩に上洛を命じ、旧幕勢力も倒幕勢力も京都・大坂方面に兵力を集め始めていた。

12月9日（1868年1月3日）、倒幕派の策謀で王政復古の大号令が発せられ、小御所会議において徳川慶喜の辞官・納地を決定。倒幕派と旧幕派の緊張が高まる12日、徳川慶喜は二条城から退去して13日に大坂城に入った。

同日、三河吉田藩主松平信古《のぶひさ》は旧幕軍の翔鶴丸で品川を出帆。信古は奏者番・寺社奉行・大坂城代も務め、この時は溜間詰《たまりのまづめ》格。幕閣中枢に近い存在であった。約100人の藩士が信古に従って海路大坂を目指し、吉田からも応援藩士が陸路大坂に向かった。

旧幕軍総督の大多喜《おおたき》藩主松平正質《まさただ》は信古の実弟（実父は鯖江藩主）であったことから、信古西上は旧幕軍加勢のためと推測できる。

ところが翔鶴丸は出航直後に暴風雨に巻き込まれ、伊豆国井田子浦に避難。天候回復を待って20日に出帆、途中志摩国的矢浦に寄り、25日に着坂。

吉田藩は大坂市中取締を拝命するも、29日に美濃国大垣藩と交代。代わって大坂城京橋門警備を命じられた。

慶応4年正月3日（1868年1月27日）、鳥羽伏見方面で旧幕軍と薩長軍が衝突。吉田藩隊は京橋門守備に代わっていたために偶然にも戦闘に巻き込まれなかった一方、吉田藩と交代した大垣藩兵500人は前線に赴き、戦死者を出した。

倒幕側に錦旗が渡されて旧幕軍が賊軍となると6日夜、徳川慶喜は従弟である会津藩主松平容保、桑名藩主松平定敬を伴って大坂城から出奔。京橋門警備に当たっていた吉田藩士長谷川新蔵の手記に慶喜脱出の事実が記されている。

　信古と大坂城代常陸笠間藩主牧野貞直が城内本丸で合流。ふたりは慶喜の真意を確かめるために後を追って城を出る。天保山沖の軍艦で慶喜に追いつくことを考えていたと推測できるが、天保山に着いた時には既に出航後であった。

　信古と貞直は慶喜が立ち寄ると想定された紀州を目指したが、途中で伊勢路に入り、神社港から船に乗って12日に吉田にたどり着いた。

歌川広重《東海道五拾三次之内　吉田 豊川橋》
東京富士美術館蔵

　信古を迎えた吉田城では、翌13日に大評議が行われ、信古は貞直と江戸下向を主張するが、家老西村次右衛門等がこれを諫め、藩論を朝廷及び官軍恭順に導いた。

　吉田領内の新居宿本陣当主飯田武兵衛は三条実美の知遇を得て、新政府側に多くの知人がいた。朝廷への周旋依頼された武兵衛は14日、中老倉垣主鈴と共に吉田を立った。

　吉田藩は勤王佐幕色が強かったものの、国元における迅速な藩議によって藩内抗争を免れたが、同時期、尾張三河の親藩では惨劇が起きていた。尾張藩では1月20日から佐幕派と目された三家老及び藩士14人が切腹斬首を命じられる青松葉事件が起き、刈谷藩でも2月8日に三家老が斬殺された。

　1月中旬、官軍東海道鎮撫総督から派兵要請があり、吉田藩は四日市・桑名へ出兵。2月19日東海道先鋒総督府、2月25日大総督府が吉田に逗留し、吉田藩は二軍に分かれて従軍して江戸入り。吉田藩は城門警衛・市中警邏とともに、親戚である大多喜藩主松平正質《まさただ》の居城大多喜城及び領地の接収監守を命じられた。

　信古は大総督府より上京を命じられ、病気を理由に猶予を願い出ていたが、3月11日に吉田を発って17日に入京。新政府の命により、信古は本姓の大河内に改姓し、明治を迎えた。

18 豊橋の渋沢栄一 実業家中村道太の功績

中村道太《みちた》は三河吉田藩士中村哲兵衛の長男として誕生した。穂積清軒（本書40ページ「16」）と同じ1836年生まれである。

長じて江戸藩邸に出仕を命じられた道太は清軒に知り合うとともに、清軒と同様に幕臣に取り立てられた。意気投合した2人は1865年、赤坂に洋学を教授する私塾を開いた。

この頃道太は、中津藩の蘭学塾（1858年開塾）塾頭として知られていた福沢諭吉を訪問し、維新後も続く師弟関係が始まった。

幕末の三河吉田藩は、鳥羽伏見の戦いを境に佐幕から新政府恭順に転向。佐幕派であった清軒が上野戦争の際に失脚した一方、道太はその後の戊辰戦争で藩の大参事に任命され、命脈を保った。

道太と清軒の個人的な盟友関係は維新後も続き、道太は蟄居《ちっきょ》謹慎中の清軒とともに旧吉田城内に洋学塾（好問社）を設立した。

明治政府は、1869年（明治2）の版籍奉還に続き、1870年に士族の家禄奉還の見返りに俸禄5カ年分相当の現金または秩禄公債を下賜することを決定。しかし、多くの士族は家禄奉還を行わなかったため、1876年、政府は強制的に石高換算した公債証書（金禄公債）の下賜に踏み切った。

こうした顛末《てんまつ》を待つことなく、道太は実業界を目指し、1872年に福沢門下生が創業した丸屋商社（現在の丸善）の社長に就任。

東京と豊橋間を頻繁に往来し、豊橋では金融業（浅倉屋積金所、六六舎）も始めていたが、政府が1872年に国立銀行条例を発布したのを受け、1877年に第八国立銀行を設立した（本書46ページ「19」）。

第八国立銀行はその名のとおり全国で八番目。愛知県のみならず中部地方初の国立銀行であり、道太は豊

中村道太　豊橋市提供

橋財界の礎を築いた。先を越された名古屋財界は大いに悔しがったと伝わる。

　こうした活躍もあって翌1878年、道太は渥美郡初代郡長に就任した。

　さらに1879年、日本の貿易が徐々に拡大していく中、貿易金融を行う横浜正金《しょうきん》銀行（後の東京銀行、現在の三菱UFJ銀行）が設立されることになり、福沢諭吉の招請に応じて道太は初代頭取に就任した。

　1882年、道太は横浜正金銀行頭取を辞し、東京米商会所の頭取に転じ、ますます財界人として活躍の場を広げていった。

横浜正金銀行の正面外観　『工談雑誌』(178) 工談会（1905年）
国立国会図書館デジタルコレクション

　ところが1892年、東京米商会所の資金を流用して大隈重信を支援したとの醜聞に巻き込まれて失脚。以後は表舞台に立つことなく、1921年（大正10）に85歳で亡くなった。

　醜聞の背景には、政敵大隈を支援する道太の商才を恐れた薩長閥政官界の策謀があったようだ。

　明治元年、道太は日本で初めて西洋式の複式簿記術を講じるなど、豊橋の渋沢栄一と呼んでも過言ではない功績を残した。戦後、日本経済の近代化に幾多の貢献をした道太の顕彰碑が豊橋公園内に建てられた。

19　中部初の国立銀行は士族の商法で頓挫

明治時代の国立銀行は1872年（明治5）の国立銀行条例に基づいて開設された銀行である。「国法に基づいて立てられた銀行」という意味であり、あくまで民間銀行だ。

1871年に新貨条例が制定され、「円」を呼称単位とする近代貨幣制度が導入された。戊辰戦争等で累増した政府紙幣を国債と交換し、その国債を担保に兌《だ》換券《かんけん》が発行できる国立銀行設立を民間資本に認めた。兌換券は金貨等（正貨）との交換が義務づけられた。

国立銀行設立を認めた背景には、明治政府の債務を民間資本に肩代わりさせる意図があったようだ。

渋沢栄一が1873年に初の国立銀行である第一国立銀行（現みずほ銀行）を設立。しかし、諸制度が未整備のままスタートしたため、設立された数行はいずれも経営に窮した。

1876年に条例が改正され、不換紙幣発行や金禄公債を原資とすることを認めたために国立銀行設立が急増。1879年までに153行が開業した。

この改正に素早く反応したのが中村道太だった（本書44ページ「18」）。既に豊橋財界で名をはせていた道太が出資者を集め、第八国立銀行は1877年2月22日に免許取得、3月20日に開業した。資本金は10万円、現在の約60億円に当たる（当時の巡査月給5円現在の30万円で換算）。

初代頭取には関根禄三郎、二代目には三浦碧水《へきすい》が就任。関根も三浦も旧三河吉田藩士であった。出資者44名のうち、士族27名が約2万円、平民17名が約8万円を出資した。

経営陣の中心は士族出身者だったが、出資割合は経済力のある地主・豪農等の平民が圧倒。支配人には平民で1万円を出資した稲垣真郎が就いた。

愛知県、中部地方で初の国立銀行であったことから、

第八国立銀行発行の五円札　豊橋市教育委員会『豊橋の史跡と文化財』

先を越された名古屋財界は大いに悔しがり、同年7月18日、急遽第十一国立銀行を名古屋で開業した。

しかし、第八国立銀行はここからが不運だった。銀行業務をよく知る道太は中央財界で多忙を極め、後を任された者たちは経営がよくわからず、貸出も預金も伸びないまま、典型的な「士族の商法」に陥り、第八国立銀行の経営は低迷した。

1882年、中央銀行である日本銀行が開設され、1883年の国立銀行条例改正と1884年の兌換銀行券条例により、紙幣発行は日銀のみが行うことになった。

とうとう第八国立銀行は行き詰まり、1886年、名古屋の第百三十四国立銀行に吸収されてしまった。

第八国立銀行の頓挫が豊橋財界人を委縮させ、以後、協力して殖産興業を目指す動きがまとまりにくい風土につながっていったようだ。

なお、第百三十四国立銀行は1897年に第十一国立銀行と合併して愛知銀行（現在の愛知銀行ではない）となり、さらにその他銀行も合併して1941年（昭和16）に東海銀行となった。つまり、現在の三菱UFJ銀行につながっている。

第八国立銀行跡の標柱－豊橋市新本町で

20　進取に富む実業家 原田万久が牽引した煙草産業

明治時代に入った「穂国」に近代的産業が興るのは後半に入ってからだ。明治初期の「穂国」を牽引した産業は、煙草《たばこ》、養蚕《ようさん》、新田開発であり、先行して活況を呈したのは煙草産業だった。

植物としてのタバコは、南米熱帯地方、アンデス山脈地方が原産地である。コロンブスの新大陸発見を契機にタバコが欧州に伝播し、16世紀末にはアジアにも伝わった。

1601年（慶長6）、長崎に来航したキリスト教宣教師が平戸藩主にタバコの種子を贈り、1605年、長崎桜馬場に日本で初めてタバコの種が植えられた。以後、タバコは徐々に全国に広がり、栽培されるようになった。ちなみに、日本語のタバコの語源はスペイン語やポルトガル語の「tabaco」である。

「穂国」でのタバコ栽培と煙草製造は天明年間（1781〜1789年）に遡る。北設楽や信州から原料のタバコ葉を調達して原田久左衛門が始めた。

江戸末期には現在の湊町界隈に刻み煙草を製造する小規模な煙草業者が軒を並べるようになり、1876年（明治9）には豊橋に35軒の煙草業者があったと記録されている。当地の煙草産業は「刻み煙草一万貫」と称される活況を呈していた。

中でも規模が大きかったのは原田久左衛門の子孫である原田万久《まんきゅう》の工場であり、最盛期には約500人の従業員を擁した。

明治半ばには全国の煙草業者は約250社に増え、原田万久の工場は、東京、千葉の3社に次ぐ全国4位の製造規模を誇っていた。

1885年に豊橋に歩兵第18連隊が設置され、喫煙率の高い兵隊のおかげで事業は伸長した。さらに、1888年、煙草税制改正に伴い、製造技術の近代化と経営大型化が促され、小規模業者が淘汰されることで万久の事業は拡大。１８８９年には刻み煙草３万２０００貫、巻煙草１０００万本を生産していた。

原田万久は進取の精神に富む事業家であった。最新式製造機械を導入した万久の工場はいち早く巻煙草にも取り組み、包装や宣伝にも意を尽くした。豊橋で初めて商標を登録し、フジカスミ、英雄、蝶印などの人気銘柄を誕生させた。

原田万久煙草工場　豊橋市提供

月給制度も採り入れ、年間就業日数３３０日、一日10時間労働を定め、「穂国」における近代的経営のはしりとなった。

万久の工場は現在の国道23号と湊町公園の間にあった。龍拈寺の山門を通ってすぐ左手であり、万久煙草工場の事業・功績を讃えた記念碑（豊橋煙草商標之記）が建っている。

豊橋煙草商標之記

馬見塚町の専願寺には、煙草藍の栽培に貢献し、吉田煙草として未曽有の優良品質に育て上げた麻野間清助の墓がある。

１９０５年、煙草専売法が施行され、民間煙草業者は衰退し、吉田煙草も姿を消していった。

煙草産業に代わって明治初期の「穂国」の牽引産業に躍り出たのが製糸業である。

21　豊橋を製糸業の町に育てあげた小渕志ち

養蚕の起源は紀元前28世紀頃の中国に遡る。養蚕技術の国外持出しは禁じられていたが、徐々に周辺に伝搬。朝鮮や日本には紀元前2世紀、欧州には6世紀頃伝わった。

日本は気候が桑の生育と養蚕に適しており、２８３年には秦氏から絹織物の技術も伝わり、租庸調《そようちょう》の「調」として絹製品が納められた。

しかし質量とも国内生産では需要を賄《まかな》えず、生糸を中国から輸入していた。江戸時代になると、代金としての金銀流出を懸念した幕府は養蚕を諸藩に奨励した。

繭の集散地は全国に数カ所あり、上州（深谷、熊谷）が最も有名であった。吉田（豊橋）も蚕都のひとつとして知られていた。

「穂国」では古代より養蚕・蚕糸が盛んであったが、養蚕や蚕糸技術は上州に及ばず、江戸末期には繭を上州の蚕糸工場に安値で買い叩かれていた。

明治になると、政府は外貨獲得のために生糸輸出に注力した。１８７１年（明治４）には昭憲皇后が神事として養蚕を始め、翌１８７２年富岡製糸場が開設された。隆盛期を迎えた養蚕には、俸禄を失った士族授産の目的もあった。

そんな中、豊橋の製糸業は１８７０年代後期、朝倉仁右衛門、小渕志《おぶちし》ち等による座繰製糸から始まり、１８８２年には朝倉仁右衛門等が創業した細谷製糸株式会社が愛知県最初の器械製糸工場となった。

小渕志ちは１８４７年、上州石井村（現前橋市内）に生まれ、幼い頃から蚕糸に従事して16歳で独立したものの、粗暴な夫に嫌気して故郷を捨て、放浪途上で二川に投宿した。

宿帳から上州の人と知れ、蚕糸に詳しいとわかると、志ちの話を聞こうと近隣の養蚕農家や繭仲買商などが集まった。志ちは地元の人々の熱心な誘いを受け、１

879年に蚕糸工場を始め、1884年には50人の女工を擁するまでになった。

その後、通常は使わない玉繭（屑繭）から玉糸と呼ばれる高品質の糸を紡ぐ技術を編み出し、同業者と競合することなく志ちは大きな利益を上げた。

玉糸は桐生、足利、八王子等の蚕糸産地に売れ、玉糸を使った節《ふし》織物にも丹後、加賀、越後等から続々と注文が集まった。輸出もされるようになり、志ちが創業した糸徳製糸工場は、最盛期には男工100人、女工1000人の規模を誇った。志ちのおかげで二川、

小渕志ち像

豊橋は「玉糸の町」として知られるようになった。

志ちは自社の経営のみならず、同業組合の結成・運営に奮闘するなど、東三河の製糸業発展に尽くした。多くの品評会で受賞し、品質の良い繭は皇室にも献上され、大正天皇に女性初の個人拝謁を果たして82歳で永眠。岩屋緑地には志ちの銅像が建立されている。

豊橋は製糸業で知られるようになり、西条八十作詞・中山晋平作曲の1934年（昭和9）「豊橋音頭」では「三州豊橋糸の町」と唄われている。

なお、豊橋には1996年（平成8）まで乾繭《かんけん》と生糸の先物取引所があった。乾繭とは生繭を長期保存するために乾燥させた繭である。

豊橋の製糸産業　豊橋市提供

22 優れた用水技術が使われた豊川治水

頻繁に洪水を繰り返し「暴れ川」とも呼ばれた豊川《とよがわ》は設楽町段戸山に源を発し、長篠城跡付近で宇連川《うれがわ》と合流して南下。合流点以北では寒狭川《かんさがわ》と呼ばれる。

豊川の治水事業は吉田城下を洪水から守るため、江戸時代に城主池田輝政が中下流域に霞堤《かすみてい》を構築することから始まった。

川がU字蛇行すると流れが滞り、洪水の原因となるため、蛇行部分に「差し口」という切れ目をつくり、その外側に霞堤を構築。増水時に差し口から水が溢れ、霞堤内は遊水池となった。霞堤はその形状から鎧堤《よろいづつみ》とも呼ばれる。

豊川水系には古くから農業用水もつくられ、松原用水は上流から見て右岸側、牟呂用水は左岸側の水田地帯を潤している。

愛知県最古の松原用水の起源は１５６７年に遡り、当時の吉田城主酒井忠次が橋尾村（現豊川市橋尾町）に堰をつくって大村に水を引いたことに始まる。大村井水とも呼ばれ、難工事を極めた。人柱になったとも言われる8人が、用水終点の豊橋市大村町の八所《やところ》神社に祀られている。

１６９１年（元禄4）の大洪水で堰が崩壊したため、上流の日下部村（同豊津町）に河道に対し直角の一文字堰が造られた。舟通しを兼ねた放流施設は、洪水時の堰流失と土砂堆積防止の機能を果たし、以後約１８０年間利用された。

１８６９年（明治2）、取水量減少のために堰をさらに上流の松原村（同松原町）に移し、１９６７年（昭和42）の牟呂松原用水合口頭首工完成までの約１００年間利用された。

牟呂用水は１８８７年、賀茂・金沢・八名井の三村有志28人の勧請によってつくられた賀茂用水開削に始まる。１８８８年、毛利新田開発に合わせて加茂用水

豊川流域に今も残る４つの「霞堤」。上流から金沢地区、賀茂地区、下条地区、牛川地区　国交省中部地方整備局豊橋河川事務所（2001 年）の資料に加筆

を拡充し、牟呂用水が誕生した。

１８９１年の濃尾大地震と翌１８９２年の台風によって破壊されたが、毛利新田を引き継いだ神野新田の開発とともに修築され、１８９４年に完成した。

１９５９年に松原用水と牟呂用水が統合され、１９６７年には牟呂松原用水合口頭首工が完成。また、１９６５年には豊川放水路も完成し、豊川流域の洪水対策に寄与している。

上述の一文字堰に加え、自在運転樋と人造石工法という牟呂松原用水に用いられた三つの技術は世界的に評価されている。

自在運転樋は、用水路と河川の平面交差部に水の重量で放流量を自動調節する堰を設け、洪水時の堰流失を防ぐとともに、安定取水を図る機能を果たす。

人造石工法は、まさ土と石灰と水を混ぜた「たたき」の中に自然石を浮かし、堅固で水密性の高い構造物を構築する。セメントのない時代の重要な土木技術であった。

２０１７年、松原牟呂用水は世界灌漑施設遺産に登録された。なお、豊川右岸の霞堤は閉鎖され、現在は左岸の四つが残っている。

23 実業家神野金之助が手がけた神野新田

江戸時代、豊川河口域では多数の新田開発が行われた。17世紀の高須、土倉、松田、牧野、18世紀の下野、青竹等が代表的だが、時代的に最も新しい富久見新田は吉田藩士福島献吉の築造による。

福島献吉は1820年に藩主松平信順《のぶのり》に新田開発計画を奏上し、牟呂沖新開惣奉行を命じられた。

河口左岸に三区画を造り、うち一区画を塩田とし、塩の売上で新田開発費用を賄う計画だった。

翌1821年に竣工したものの、借入金の膨張、塩の販売低迷等のため、1830年、塩田も含めて新田は豪農の手に渡った。

1833年、今度は幕府が牟呂沖大津島に大新田を拓くことを計画。すると藩主信順は幕府に対抗して再度新田開発を福島献吉に命じた。計画された新田は現在の神野新田に相当し、松原用水を参考にした用水路も計画された。後の牟呂用水のルーツと言える。

自領内とはいえ、幕府新田とほとんど同じ計画は幕府から容易に許可が出ない。しかも、埋立で漁や水利権の被害を受ける15カ村が連署をもって開発反対を直訴。1834年、幕府は開発中止、吉田藩の計画も立ち消えとなった。

新田開発は所期の目標を達成しないまま、1835年、福島献吉は69歳で亡くなった。

それから12年を経た1847年、拡充された富士見新田が完成し、名称を富久縞新田《ふくしましんでん》と改めた。現在の富久縞町の大部分及び明治新田に当たる。

1888年（明治21）、第百十国立銀行（後の山口銀行）取締役であった元長州藩家老の毛利祥久が融資事業として開拓工事に染手。

その背景には、いずれも山口県出身の勝間田稔愛知県令（知事）と県土木課岩本賞壽の勧奨があった。勝間田は第百十国立銀行が融資先に困っていることを知り、元家老家に助力するために県が全面支援する条件で新田開発融資を勧めた。

　１８３３年に行った福島献吉の測量と計画が活用され、１８８８年中に賀茂用水を開削した牟呂用水が誕生し、１８９０年には堤防も完成。吉田新田と名づけられたが、地元民は毛利新田と呼んでいた。

　しかし、翌１８９１年の濃尾地震、１８９２年の暴風雨による波浪によって堤防が崩壊。新田は元の海原に戻り、開発は断念された。

　毛利新田は売りに出され、１８９３年に牟呂用水を含む全権利を実業家神《かみ》野《の》金《きん》之《の》助《すけ》が購入し、再開発することとなった。

　金之助は人造石を用い、難工事の末に同年中に堤防を再築。土木技師の服部長七は、左官のたたき技術を応用した工法で堤防表面を強化し、新田開発を成功に導いた。

神野新田の堤防に立つ護岸観音

神野金之助肖像
神野金之助翁伝記編纂会編
『神野金之助重行』

　神野新田の堤防には、33体の観音像が１００間（約１８０ｍ）ごとに安置された。信仰心の篤い金之助の発案であり、農民が毎日巡拝することで堤防を見回り、破損の早期発見につなげることも企図したそうだ。

　中部地方随一の神野新田はこうして誕生した。

24 明治初期の東三河における地場産業の胎動

明治初期の「穂国」は豊橋を中心に煙草、蚕糸《さんし》、新田開拓が地域を牽引した。その影響は周辺部に及んだが、地域固有の動きもあった。蒲郡では形原《かたはら》地区から始まった繊維ロープ産業である。

1843年、形原の漁師の家に生まれた小島喜八は、良い漁網をつくるために糸の研究を重ねた。1874年（明治7）、日本初の麻糸製造機（後去り分銅式撚糸機）を考案し、極めて強い糸をつくることに成功。形原は喜八の発明を機に漁網（形原麻網）のみならず麻ロープの一大生産地に発展した。

1725年、御油（豊川）為当《ためとう》の竹本長三郎が油造業を始め、菜種や綿実から灯明油と油粕肥料をつくった。1839年生まれの孫の元儤《もとすぐ》は幕末から明治初期に竹本家当主を務めて油造業を発展させ、現在の竹本油脂につながっている。

大社神社

地域の近代化に尽力し、養蚕、開墾、築堤、宝飯銀行設立等にも腐心。郡民に慕われ、宝飯郡長を務めた。

1881年（明治14）の三河初の中学、宝飯中学校創立の貢献者としても知られている。同校跡地（豊川市国府町）は大社神社の東とされる。「郷党の慈父」と呼ばれた元儤の碑は、700m南西の御津町広石新宮山にある。

田原の山々は古くから石灰石の産地として知られ、

１６９１年、田原藩は石灰製造を藩直轄事業として始めた。

明治になり、県令（県知事）國貞廉平《れんぺい》は家禄を失った士族の授産事業としてセメント工業を推奨。斎藤實尭《さねたか》が始めた事業は、実業家水谷孫左衛門、渋沢栄一、浅野總一郎と引き継がれ、１８９１年に三河セメント工場に至る。

セメント徳利窯＝田原市で

同工場の技師、坂内冬蔵と浅野喜三郎がドイツ留学で学んだ乾式製造法で生産が軌道にのり、窯を増設。窯はその外観から徳利窯《とっくりがま》と呼ばれた。現在もその遺構が残り、指定文化財として保存されている。

新城は蚕糸や林業が中心であったが、製炭業も栄えた。１８６０年生まれの織田源松《おだげんしょう》は良質の黒炭を生産する八名窯を開発。全国各地の名炭窯は八名窯を参考にしており、源松は製炭業に貢献した。

新城と言えば、明治初期に特筆すべき人物を輩出した。１８４９年に吉田藩医豊田鉉剛の三男として生まれ、同藩阿部三圭の養子となった阿部泰三。日本最初の生命保険会社（明治生命）を設立し、歴史に名を残した。

新城以北の設楽も養蚕と製材が中心であった。製材業の発端は段戸山御料林の払い下げが契機である。

１９０９年の工場通覧には、奥三河には職工５人以上の工場が42と記録されている。蚕糸が50％、木材が35％を占め、県内最初の製材工場は１８８８年創業の豊根村丸川製板所である。

奥三河の津具鉱山にも付言しておく。１５７２年に武田信玄が津具川で砂金を発見して開鉱。１８９４年、金鉱脈の露頭が発見されて本格採掘が始まった。

25 全国で20番目に設立された豊橋商業会議所

煙草、蚕糸、製材などの地場産業がけん引した明治初期の「穂国」であったが、明治20年代になると経済にも近代化の波が押し寄せた。

1884年（明治17）、勃興する事業者や企業による経済団体結成を推奨する明治政府の諭達を受け、1886年、呉服町、本町、札木町の33人が豊橋商談会を設立。1888年、豊橋商談会とは別の経済団体設立の動きが始まり、1890年、東三倶楽部が結成された。1890年は初の国政選挙が行われ、第1回帝国議会が開かれた年である。

これら経済団体には、三浦碧水、加藤六蔵《ろくぞう》ら、明治期の「穂国」を代表する人々が参画。当時は経済人が政治家に転じたり、その逆も珍しくなく、碧水や六蔵も例外ではなかった。選挙権、被選挙権に納税額が関係していたうえ、選挙に金がかかることが影響し、素封家が政治家になるのが普通だった。

経済界と政界が混然一体とした状況は各地で見られたが、とりわけ「穂国」では顕著な傾向を示した。

東三倶楽部が結成された1890年に商業会議所条例が公布された。欧米諸国の忠実な模倣に努めた明治政府は、チェンバー・オブ・コマース（COC）を商業会議所と翻訳。豊橋商談会や東三倶楽部は任意団体だが、商業会議所は政府が設立を推奨する公的組織である。

欧米諸国のCOCが商工業者の利害調整や親睦のために自然発生的に誕生したのに対し、日本の商業会議所は政府による企業や産業の育成政策の一環であった。

1890年の神戸を皮切りに、名古屋、岐阜、1891年に東京、大阪、広島と各地に商業会議所が誕生。1893年、豊橋商業会議所は全国20番目に設立された。

1892年には全国商業会議所連合会が結成され、

単会は1895年に41、1900年に56、1926年（大正15・昭和元）には76と拡大した。

豊橋商業会議所設立時の法人会員は、豊橋銀行、角星運輸会社、豊橋魚会社、三河名倉砥会社、豊橋魚鳥会社、豊橋商会、東三産牛社、豊橋農具改良会社の8社であった。

明治末期の札木町通り　大森修『豊橋財界史』

省線豊橋停車場（1888年）　豊橋市政五十年史編集委員会編『豊橋商工会議所七十五年史』

役員は会員の中から選挙で選出。そのことが政治の選挙と表裏一体化を促し、「穂国」商業会議所の役員選挙は政争の的となった。

豊橋商業会議所設立の5年前、1888年には東海道線が開通。設立翌年の1894年には日清戦争勃発。経済近代化と戦争景気が相まって、「穂国」経済界も急速に発展していった。

蒲郡にも商業会議所が誕生したようだが、設立時期は不詳。また、豊川、新城等には商工会が設立されていった。

1927年（昭和2）、商工会議所法が公布され、商業会議所は商工会議所に再編された。

ところで、豊橋商業会議所設立の背景には米麦取引所設立を企図する豊橋経済界の動きが影響していた。

26　仕手筋の好餌になった豊橋米麦取引所

江戸時代は税を米で納める石納を原則としていた。米の生産量は天候に左右され、価格変動が激しい。米は投機の対象になり、やがて先物取引が誕生した。

大坂堂島米会所は１７３０年（享保15）に誕生。当時大坂には全国の年貢米が集まり、米会所では米切手が売買され、正米（現物）とともに帳合米（先物）の取引が行われていた。世界初の先物取引市場である。

吉田（豊橋）は米作が盛んなため、関ヶ原の合戦時には東軍（徳川方）の糧米拠点が置かれたほどだ。そのため、18世紀後半に吉田にも米会所が誕生。伊勢桑名、近江大津とともに東海道三会所と言われ、30万石に及ぶ取引が立った。

明治政府は帳合米取引を賭博とみなし、１８６９年（明治2）に堂島米会所を閉鎖。１８７１年に改めて正米取引の堂島米会所設立を許した。

１８７３年、地租改正で税は穀納から貨幣による金納に移行。江戸時代以上に米の換金が必要となり、各地に米会所が立った。

外貨流出対策としての金融引締と豊作によって米価は暴落。納税者である農民は困窮する。政府は米価回復と取引税増収を図り、１８７６年、限月（先物）取引を認める米会所条例を布告。全国14カ所に先物会所が誕生した。

１８９３年、取引所法により米会所は近代的な米穀取引所に再編された。東京米会所も米穀取引所となり、先物取引が活発化した。

取引所法制定を聞いた三浦碧水らは豊橋にも設立することを計画した。上京して設立許可を求めたところ、役所から「商業会議所のない地域では無理」とのお達し。つまり、米穀取引所設立のために商業会議所設立が必要となった。

同年、急遽商業会議所が設立され、翌１８９４年には「豊橋米麦取引所」が関屋町に開業。所管地域は豊橋を中心とする6町村、取引会員34人。初代理事長の山本三太郎は3年後に亡くなり、甥の加藤六蔵が継承した。その次は三浦碧水である。

全国の新設取引所は投機筋に狙われ、空取引や投機が横行。豊橋米麦取引所も名古屋、大阪の投機筋の好餌となった。

設立早々、名古屋米穀業界の巨頭（後の名古屋証券取引所理事長）髙橋彦次郎による仕手戦に巻き込まれた。損失を被った投資家が流血騒ぎを起こすほどだった。

豊橋米穀取引所（1899年）　豊橋市政五十年史編集委員会編『豊橋商工会議所七十五年史』

大坂堂島米会所跡地碑　大阪市ホームページより

翌1895年、大阪の阿部彦太郎、阿部元太郎が仕手戦を展開。取引所は巨額損失を被り、支配人久野寛一郎は実兄三浦碧水に善後策を相談した。しかし妙案なく、久野は割腹自殺を遂げる。豊橋米麦取引所の壮絶な歴史である。

全国の取引所は1898年に184まで増えたが、各地で同様の事態に陥り、政府は取引所規制を強化する。その結果、1901年までに52が解散。1935年（昭和10）には20まで減少した。

この間、豊橋米麦取引所は関屋町から花田石塚に移転。1939年、米穀配給統制法施行により米穀取引所は廃止。豊橋米麦取引所の役割も終わった。

27　29歳の青年 福谷元次が創業した豊橋電灯

日本が電灯点灯に成功したのは1878年（明治11）だが、庶民が初めて電灯を見たのは1882年の銀座だった。

1886年、日本初の電力会社東京電灯が開業。翌1887年に鹿鳴館、1889年には皇居に点灯し、1890年に営業用電力供給が始まった。初期の電力供給、電気には事故も伴い、1891年には漏電で国会議事堂を焼失した。

福谷元次
大森修『豊橋財界史』

その最中の1889年、宝飯郡出身の当時29歳の青年福谷元次《ふくたにもとじ》が東本願寺上棟式に参加し、初めて白熱電灯を見た。元次は大阪、神戸も見物し、市街地に電灯が普及し始めているのを見て、豊橋での電灯事業を発起する。

俊才であった元次はこの年、豊橋町会議員に選出され、政財界にも人脈があった。電灯事業を推奨する元次の尽力もあって、1893年、設立直後の豊橋商業会議所会員佐藤弥吉が電灯会社設立の建議書を提出。三浦碧水ら有力会員の賛同を得た。

豊橋商業会議所は名古屋で電灯が普及しつつあることも踏まえ、商業会議所最初の事業として電灯設置を決定。翌1894年、豊橋電灯株式会社が発足した。

1889年に設立された名古屋電灯に続き、豊橋電灯は東海地方で2番目、全国15番目の電気事業者となった。

開業のために技術者が必要となった。箱根や浜松の電灯会社の技術担当大岡正が渥美郡植田村出身であることを知った豊橋商業会議所は大岡を招請した。

渥美郡高師村（現豊橋市）の梅田川にあった農業用水

牟呂発電所の遺構。周囲は住宅地になっている＝豊橋市牟呂大西町で

舎を買収し、発電用に改造して水力発電所とした。豊橋市街までの送電距離は約10㎞と遠く、電灯の光量はランプに及ばない程度であった。

そこで発電所に蒸気機関を設置し、水力火力併用に改造。光量は改善され、電灯の契約も初年度決算時点では戸数47、電灯数143であったが、1年後には電灯数478に増加した。

続いて神野新田の牟呂用水を利用して牟呂村大西（現豊橋市牟呂大西町）に牟呂発電所を新設。しかし水量不足に悩まされ、やはり蒸気機関を設置。結果として火力発電中心の発電所となった。

初期の大口需要家は豊橋に駐屯していた歩兵第18連隊である。やがて官庁や商店街にも電灯利用が広がり、一般家庭にも普及した。

軌道に乗った豊橋電灯は1896年以降、増資と設備投資を重ね、1906年には豊橋電気株式会社に改称。豊川（寒狭川）等に水力発電所を設置し、東三河や遠州に電気を供給した。

事業規模の拡大につれて一段と増資の必要性に迫られ、1921年（大正10）、名古屋を地盤とする名古屋電灯（後の東邦電力、中部電力）に合併された。当時の名古屋電灯は、福沢諭吉の娘婿、福沢桃介が経営していた。

なお、渥美半島を供給地域とした豊橋電気、豊橋電気信託という電力会社もあった。

28　愛知県初の私鉄として開業した豊川鉄道

愛知県最初の鉄道は1886年（明治19）の武豊線である。武豊港、衣浦港に陸揚げされる東海道線建設資材を運ぶためであった。2年後の1888年、東海道線が開通した。

この頃、平山甚太《じんた》が鉄道設立を思い立った。甚太は中村道太の弟であり、吉田藩柔術指南平山甚太夫の養子として幕末を迎えた。道太同様に才気に富む甚太は、横浜で創業した花火事業で成功。三河花火を米国などに輸出していた。

甚太は松山道後温泉に行った際、金毘羅参りでにぎわう1888年開業の伊予鉄道を見て、豊川稲荷参拝客のための豊川鉄道を思いついた。伊予鉄道は規格が簡便で安価な軽便《けいべん》鉄道。夏目漱石の名作「坊っちゃん」に登場する。

甚太の働きかけが奏効し1893年、豊橋銀行専務加治千萬人らが資本金5万円で豊川鉄道設立を発起。下地町（現豊橋市）から牛久保町（現豊川市）を経て豊川町に至る全長約6・4㎞の鉄道敷設認可を請願した。東海道線豊橋駅とは豊川を挟んで対岸の下地が起点。豊川架橋費用節約とともに、軽便鉄道が狭軌間（762㎜）であったため、東海道線との接続は想定しなかった。

ところが競願者の御油鉄道が現れた。対抗上、豊川鉄道は新城町までの延伸と、豊川町から国府町（現豊川市）に至る支線も加えた追願書を提出。

1894年、政府の鉄道会議で審議されたが、2社以外に三浦碧水らが東参鉄道を出願したため、会議は紛糾。結局、3社とも認可に至らず。

会議後、東参鉄道は新城経由で南設楽郡海老村（旧鳳来町、現新城市）までを広軌間（1067㎜）で敷設する計画で再出願した。

豊川鉄道は先願権を主張して抗議。鉄道会議は再び紛糾したものの、結局豊川鉄道の先願権を認めつつ、広

開業した豊川鉄道

軌間とすること、南設楽郡信楽村大海（現新城市）まで延伸することなどの条件が提示された。

豊川鉄道は、資本金40万円、広軌間、下地町より豊川、新城を経て大海に至る約27・4㎞とする内容で再出願。１８９４年末、仮免許状が付与された。１８９６年、本免許付与。起点は豊橋駅に変更されたため、豊川架橋費がかさみ、結局資本金は50万円に膨らんだ。路線は平坦でトンネルもなかったため、翌１８９７年、愛知県最初の私鉄として豊橋豊川間が開通、翌１８９８年には新城まで延伸。大海まで全通したのは１９００年であった。

出願経緯もあり、豊橋銀行は豊川鉄道に巨額の融資を行い、豊橋銀行が主導する鉄道であった。そのことが豊橋銀行の顛末にも影響する。

１９０１年の豊橋銀行破綻後、豊川鉄道では倉田藤四郎が台頭。鳳来寺鉄道、田口鉄道、三信鉄道を増設する黄金時代を迎えるが、詳細は改めて記す。

１９４３年（昭和18）、路線は国鉄に戦時買収され、飯田線の前身となった。翌年、会社も名古屋鉄道と合併した。

29　東三河初の地元銀行として設立された豊橋銀行

明治中頃に入り「穂国」経済黎明期に豊橋電灯と並んで大きな影響を与えたのは豊橋銀行である。

1877年（明治10）設立の第八国立銀行は1886年に合併で消え、宝飯郡有力者が始めた宝飯銀行も1888年に頓挫。東三河には地元銀行がない状況であった。

1892年頃から地元銀行設立の機運が高まり、1893年、資本金5万円の豊橋銀行が誕生した。その年には豊橋商業会議所が設立され、豊川鉄道創設の話も盛り上がり、東三河に近代経済が萌芽し始めた。

豊橋銀行の設立母体は東本願寺真利宝会。門徒のための頼母子講のような組織であったが、これを発展的に再編して銀行とした。

1890年代以降、株や米の取引で繰り返し投機騒動が起きた。豊橋銀行と豊橋商業会議所が設立された1893年は取引所法発布の年でもあった。

1894年から1895年の日清戦争を契機に経済が膨張し、その後は取引所や銀行の粗製乱造が続いた。1898年から1900年の3年間に763もの銀行が設立され、泡沫銀行とやゆされた。実態は資産家が投機目的でつくった高利貸しのような存在である。

同年に岐阜・多治見の投資家西浦仁三郎が仲買人松谷元三郎らを介して豊川鉄道株の仕手戦を展開。松谷は通称天一坊と呼ばれた大物相場師である。

松谷の買い占めで豊川鉄道株は10倍に暴騰。浮利につられて益出しする株主も多く、株主は約4分の1の55人に激減。株を保有していた豊川鉄道重役や最大株主の豊橋銀行も暴利を得て、批判の的になった。

売り向かったのは山一証券の小池国三、独眼流の異名をもつ相場師半田庸太郎らであり、豊川鉄道の仕手戦は壮絶を極めた。結局、西浦、松谷側の目論見は失敗に終わり、豊川鉄道株買い占め騒動は収束した。

鳳来館となった旧大野銀行本店＝新城市大野で

この年の末から銀行破綻が始まり、１９０１年４月には市場過熱が限界に達し、株価が暴落。日清戦争で膨張した経済の調整局面が到来した。

豊川鉄道に巨額融資をしていた豊橋銀行も株価暴落を受けて４月22日に支払い不能に陥った。豊橋銀行の整理には長く時間を要することになる。この間、奥三河最初の銀行として１８９６年に大野銀行が設立された。現在の飯田線三河大野駅近くに本店があった。

三河大野は宇連川左岸に開かれた町で、江戸時代には秋葉山と鳳来寺山を結ぶ街道の要所として栄えた。明治には豊橋と飯田を結ぶ別所街道も通り、木材や生糸の集積地として発展し、商取引のために金融機関を必要としたのである。

１９４５年（昭和20）に旧東海銀行と合併。本店建屋は旧東海銀行から地元の東三信組、豊川信金に継承され、２００６年に閉店した。

２００９年、建物は国有形文化財建造物に登録され、現在はギャラリー「鳳来館」として利用されている。

30 明治中期 東三河の政財界・教育界で貢献した人々

明治中期の「穂国」史には多くの人々が貢献した。中でも特筆すべきは三浦碧水《へきすい》である。

碧水は1841年、吉田藩士の次男として誕生。俊才であり、藩校時習館に学び14歳で教員となった。西洋兵砲術にも長け、維新時には吉田藩指揮官として軍務で活躍。維新後の1870年（明治3）には官吏としても重用された。

三浦碧水
豊橋市政五十年史編集委員会編『豊橋市政五十年史』

1878年、渥美郡連合村会議長に選出されたのを皮切りに、1889年初代豊橋町長、1892年県会議員、1894年衆議院議員と、政治家としても活躍した。

この間、1877年設立の第八国立銀行頭取、1893年設立の豊橋商業会議所会頭、1894年設立の豊橋米穀取引所理事長を務めたほか、1896年には豊橋製糸株式会社を設立し、自ら産業振興に腐心した。

教育にも熱心に関与し、1893年に創立した私立補習学校を時習館と命名し、後年、県立第四中学校を経て、現在の時習館高校となる。

1915年（大正4）、75歳で他界。1927年（昭和2）、遺徳をしのび豊橋市瓦町の願成寺境内に胸像が建立されたが、戦時に金属として供出されてしまった。

豊橋米麦取引所理事長を碧水から引き継いだのは加藤六蔵。1858年、宝飯郡前芝村（現豊橋市前芝町）の豪商郷士の加藤家当主長男として誕生。

慶應義塾に学び、東三倶楽部、豊橋商業会議所などの設立に関わったほか、しょうゆ醸造も行った。県会議員を経て、衆議院議員となる。

豊橋電灯を発起した福谷元次は1860年、宝飯郡大村（現豊橋市大村町）庄屋の林家に誕生。俊才の誉れ高く、国学者羽田野敬雄の門人として後継者に擬せられたこともあったが、1882年、札木町の置屋、福谷家の養子になった。

平山煙火製造所『Illustrated catalogue of day light bomb shells』（1897 年頃）の表紙　横浜市中央図書館蔵

まもなく役場で要職に就き、1889年町会議員、1900年豊橋町長に就任。以後、市会議員、県会議員を務め、壮年期は政界で活躍した。

1889年、豊橋病院設立に発起人として参加し、病院経営の実務を担ったほか、多くの起業に加わり、晩年は経済界の中心人物となった。

豊川鉄道を発案した平山甚太は1840年生まれ。中村道太の弟である。吉田藩士中村家は代々花火製造に従事していた。維新後に実業家に転じ、日本初の本格的西洋花火製造者、及び初の米国特許取得者として名高い。後に町会議員も務めている。

1877年、横浜に平山煙火製造所を設立。当時、日本花火は暗めの橙色が主流だったが、甚太は極彩色の西洋花火をつくり、注目される。

1879年、米グラント大統領来日時に、横浜居留外国人からも知られていた甚太は歓迎花火製造を依頼され、以後、横浜恒例の米国独立記念日を祝う花火を作り続けた。

1883年、「Daylight Fireworks」（昼花火）の名称で米国特許を出願し、登録される。

31 役所と議会の創設 流血騒ぎも起きた

近代国家の体裁を整えるには、役所や議会を整備することが急務であった。明治維新後、1872年（明治5）に愛知県が発足。1878年には府県会規則が公布され、1879年に愛知県議会も始まった。

国会開設が間近に迫った1888年には市町村制公布。翌年4月から順次施行され、愛知県でも10月から市町村制が始まった。

豊橋町は旧吉田宿を構成していた23集落（旧町）で発足。町の最初の仕事は町会議員選挙の実施であった。選挙権は満25歳以上の男子、町に2年以上居住し、地租または国税2円以上を納める者（公民）に付与。選挙人を納税額によって一級と二級に分け、各級議員定数の半分ずつを選ぶ仕組みであり、任期6年で3年ごとに半数ずつが改選された。

当時の豊橋町人口は1万2339人であり、議員定数は24人、選挙人は一級193人、二級526人であった。

第1回豊橋町会議員選挙の結果、資産家や自由民権運動家の多くが当選。その後、町会議員によって町長選挙が行われ、1889年11月25日、三浦碧水が初代町長に就任した。

同年の段階で、現在の豊川市は5町20村、同蒲郡市は2町7村、同田原市（旧田原・渥美）は5町51村であり、豊橋町を含む13の町が誕生した。

市町村制と地方議会の次は、いよいよ1890年7月の第1回衆議院議員選挙である。選挙権の納税基準は国税15円以上。被選挙権については満30歳以上とされ、他の規定は選挙権と同じである。

この頃、中央では板垣退助を中心とする急進的な自由党と、英国流の立憲君主制を標榜する大隈重信を中心とする改進党が対決。地方の選挙もこの構図の影響

帝国議会衆議院之図　山口県立山口博物館蔵

を受けた。

　選挙区は、南北設楽郡と宝飯郡が第10区、渥美郡と八名郡は第11区。第1回の当選者は、第10区が元宝飯中学校長の加藤六蔵、第11区は弁護士の美濃部貞亮。加藤は政府組織である大成会、美濃部は自由党であった。

　議会が政府予算を否決する事態なども発生し、1892年2月の第2回総選挙では政府の干渉が激化し、各地で流血騒ぎが発生。愛知第10区、第11区も例外ではなかった。

　第10区は加藤が再選。第11区は三浦碧水、鈴木麟三、後藤文一郎による激戦となった。三浦は町長を辞して出馬、後藤文一郎は自由党員で板垣退助の応援を受けたが、鳳来で農林業を営む県議会議員の鈴木が制した。

　選挙後、自由党東三支部が組織され、大口喜六らによって豊橋改進党も結成され、三浦が入党した。

　1894年3月、第3回総選挙で第10区は加藤が3選。第11区は改進党の三浦と自由党の村松愛蔵の激戦となり、311票対310票の1票差で三浦が辛勝。演説会妨害や暴力沙汰が横行し、第11区では死者1人負傷者153人を出した。

　しかし衆議院は6月に再び解散され、資金負担に窮した三浦は立候補せず、政界を引退。以後は経済界で活躍した。

　第4回は第10区山本三太郎（製油販売業）、第11区高橋小十郎（運送業）が当選した。

32 政財界の二大勢力ができて地域世論も二分

1889年（明治22）に初代豊橋町長となった三浦碧水は、1893年に設立された商業会議所会頭にも就任し、政財界を牛耳った。そのため、対抗勢力を生み出す原因にもなった。

1898年、三浦は豊橋米麦取引所（1894年設立）の理事長に就任。取引所を関屋から花田へ移転する計画を立てたところ、関屋を中心とする商工業者たちが反対した。

反対勢力の糾合を目論んだのが遠藤安太郎《やすたろう》である。明治元年生まれの遠藤安太郎はこの時30歳、豊橋製糸など複数の企業の経営に関わっていた。遠藤は発起人89人による豊橋実業談話会を組織し、取引所移転反対決議を採択する。

三浦は反対運動を意に介せず翌年、計画どおりに取引所移転を強行。ところが、移転前から悪化していた取引所の経営は好転せず、1900年、責任を取って商業会議所会頭を辞任してしまった。

1902年、遠藤が商業会議所会頭に就任。実業談話会系の人々で商業会議所役員を固め、長期にわたり商業会議所を支配していく。三浦は改進党と関わりが深かったことから、力学上、遠藤率いる実業談話会は次第に自由党と結びつく。経済活動から始まった実業談話会は政治と混然一体となっていった。

こうなると三浦派も対抗し、大口喜六と一緒に改進党系の組織づくりを行う。大口は実業談話会会員を多数引き抜き、新たに公同会と称する有志団体を約170人で組織した。

こうして豊橋政財界の主導権を争う二大勢力が形成された。

公同会と実業談話会の対立は言論界にも波及。三浦の甥が社長を務める参陽新報（創刊1899年）と遠藤の義弟が経営者の新朝報（1900年）に分かれ、さまざまな懸案について紙面上で論争し、世論を二分する。

三浦、大口の動きに対し、商業会議所会頭に就任していた遠藤は、自らの率いる実業談話会の結束を固めるために1902年、豊橋商工品陳列館を開設した。

陳列館は表向き生糸・麻真田などの豊橋の物産を紹介する施設だったが、実態は実業談話会会員の利益保護を狙う組織である。陳列館は昭和まで続いた。

遠藤が商業会議所会頭と商工品陳列館長を兼ねて影響力を高めたことは、豊橋財界が三浦時代から遠藤時代に移行した象徴とも言える。同時に、遠藤のもとで実業談話会が実質的な商業会議所機能を果たした。

私財を投じて豊橋商業学校を設立した遠藤は1913年（大正2）に他界。それを追うように、三浦は1915年に亡くなった。

このように、財界があまりに政治と密接不可分になったことは、その後の穂国の動静に少なからず影響する。

遠藤安太郎　豊商創立100周年記念事業実行委員会記念誌部会『豊商創立100周年記念誌』

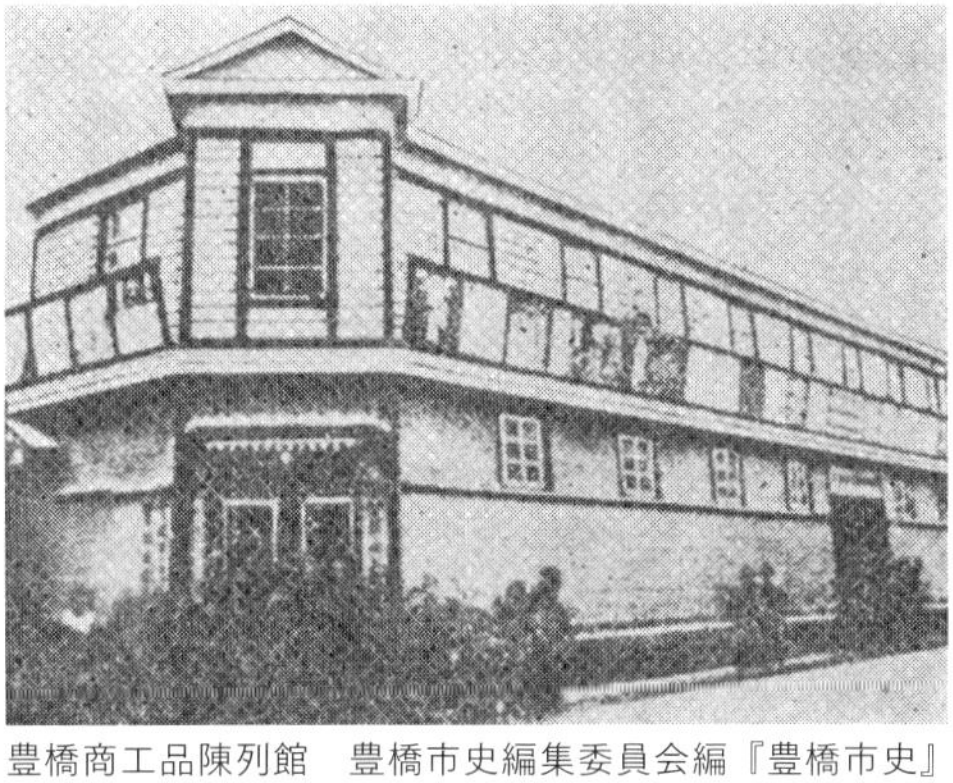

豊橋商工品陳列館　豊橋市史編集委員会編『豊橋市史』第3巻（近代編）

33 豊橋の市制移行と大口喜六市長の足跡

１８８８年（明治21）に発足した豊橋町は市制移行を目指していたが、日露戦争によって中断。戦後、市制移行の推進者である大口喜六《きろく》によって再び動きだした。

当時、豊橋町長と県会議員を兼務していた大口が市制移行を内務省や知事に強く陳情。１９０６年、豊橋は市に移行した。愛知県では名古屋に次いで2番目、全国で62番目の市の誕生である。

大口喜六

最初の市会議員選挙では、定数が豊橋町時代の24人から30人に増え、選挙人は納税額で1級から3級に分けられ、各10人ずつを選出した。

この頃、公同会は名前を同志派と改称。実業談話会（実業派）と激しい選挙戦を繰り広げた。当選者は同志派18人、実業派11人、自由党1人となり、同志派の勝利。市会の正副議長は同志派から選ばれ、同志派が主導権を握った。

市会は内務大臣からの市長候補者推薦命令に対して大口を含む3人を指名。実業派が抵抗したものの、内務省は大口喜六を指名した。１９０７年、大口は初代市長に就任し、豊橋は市として新たな歴史を歩み始めた。

他の町の市政移行は、戦前は豊川の１９４３年（昭和18）のみ。戦後は、蒲郡１９５４年、新城１９５７年、田原２００３年の順に市制に移行した。

大口市長は就任早々、市の発展策として師団誘致に注力した。高師村に第15師団を誘致した経緯については本書78ページ「35」で取り上げる。

師団誘致に伴い、大口市長は道路網整備にも腐心。当時、豊橋市の道路網は江戸時代の原形をとどめ、近代都市としての体裁が整っていなかった。
１９１０年から始まった道路整備は急ピッチで進み、幅員拡大、新停車場通・八町線・大手線などの幹線道路建設が約3年で完了。合わせて、豊橋駅も整備した。

百花園跡

大口市長は大きな業績を残した一方、その過程で疑獄事件も引き起こし、１９１２年に辞任。しかし、大口はその直後から１９４２年まで衆院議員を10期務め、その途中では豊橋市長に再任されるなど、穂国政治史に長い足跡を残している。

なお、明治後期は全国の他地域でも同様の疑獄事件が頻発。近代化を巡る裏面史であり、豊橋ではとりわけ政財界の一体化が顕著であった。

豊橋町発足当初は1万人強であった人口は市制移行時には約4万人に増加する。

同志派大口市長に対抗し、実業派遠藤安太郎も豊橋市の都市機能向上のために奮闘した。１９１０年、市内景勝地であった関屋の旧百花園跡に豊橋ホテルを建設。豊橋市の公会堂としても使用され、近代化創生期を牽引した。

余談だが、吉田藩士中西健三が造園した庭を家老渡辺崋山の子息である小崋が百花園と命名した。現在の関屋町吉田神社の裏境内辺りに位置し、明治初期は百花園でさまざまな会合や要人交流があったことから百花園時代ともいわれる。

34 陸軍第18連隊の駐屯と露兵捕虜収容所の開設

1873年（明治6）の徴兵令公布、1877年の西南戦争、1882年の軍人勅諭発布などを経て、日本の軍制が整備されていった。

1884年、陸軍は既存の歩兵14個連隊に10個連隊の増設を決定。豊橋には第18連隊設置が決まったものの、2000人近い兵員を収容できる兵舎がなかった。そこで、名古屋城内旧三の丸の第6連隊兵舎を仮屯営としつつ、旧吉田城内への兵舎建設を開始する。1886年に兵舎完成。前年から段階的に始まっていた連隊の移動が完了した。

明治維新以来、大陸進出の機会を窺っていた政府は1875年、江華島事件を契機に日朝修好条規を締結し、朝鮮半島への足がかりを築く。

さらに、朝鮮国内の東学党の乱（甲午農民戦争）を巡って清と対立。1894年、日清戦争が勃発した。第18連隊も動員され、平壌などを転戦。翌年、講和条約調印に伴い連隊は凱旋。人々が豊橋駅で出迎え、帰還を祝うとともに、地域における連隊の存在感が高まった。

日清戦争後、列強諸国の中国侵略が露骨になり、中でもロシアは満州を占領し、独占的権益を清に認めさせた。ロシアの南下を警戒する英国と満州進出を狙う日本は、1902年、日英同盟を締結する。

日露交渉が決裂し、1904年、日露戦争が勃発。第18連隊は奉天などを転戦し、戦死者594人、負傷者1853人を出した。

犠牲となった兵士家族の困窮を救うために尚武会が組織され、市長や各町内の総代等が役員となって募金集めや支援を行った。こうした活動の結果、連隊と地域住民の間には一層の絆が生まれるとともに、連隊の存在は地域経済にも恩恵をもたらした。

日露戦争におけるロシア兵捕虜は順次日本に送られ、

政府は全国に29の収容所を開設。開戦の年に豊橋にも設置された。

1905年、既に捕虜を受け入れていた豊橋にさらに1500人が送られることとなり、高師原軍用地の中に兵卒級の収容所が建設された。待遇に対する捕虜側の不満に応え、生活水準や体格の差を鑑み、政府は捕虜の食料費に日本兵士の倍近い予算を充て、収容所内での飲酒や観劇も認めた。当時の日本にとって、国際的な捕虜取扱規則を遵守することで諸外国から近代国家として認められることが重要な意味をもった故である。

ロシア人捕虜と正教会の信者　伊藤英一氏提供（下の写真も）

ハリストス正教会での十字行

悟真寺などに収容された将校級の待遇はさらに良かった。市内のハリストス正教会への礼拝、散策や買物が認められ、捕虜とは名ばかりの自由な生活だった。
同年、ポーツマス講和条約が成立すると、捕虜の扱いはさらに手厚くなり、両国兵士が相互敬礼する関係となり、外出や旅行も認められ、帰国前の自由な日本生活を謳歌する。
同年末から捕虜の母国送還が始まり、翌年には収容所は閉鎖された。収容中に死亡した捕虜は2人で、うち1人の墓碑銘がハリストス正教会に保管されている。

35　第15師団の誘致で蚕都から軍都へ

日露戦争後、政府はさらなる軍事力強化を目指し、1906年（明治39）、陸軍4個師団増設の方針を決定。うち1個師団は東海道地域に設置することとなった。師団兵員は約1万人。数百人の将校は家族を帯同することも多く、地域経済への影響は大きい。そのため、沼津、浜松、岐阜などが師団誘致に乗り出し、豊橋も運動を開始した。

豊橋市と市議会は市民の協力も得て師団設置期成同盟会を組織し、陸軍省に陳情に出かけた。

1907年3月、陸軍省は第15師団設置場所を豊橋に決定。演習地に適した高師原、天伯原を擁していたことが奏効した。

誘致成功は喜ばしいことだったが、早速師団本部や兵舎の用地を確保する必要に迫られた。

1908年1月、市議会は用地35・2ヘクタールを約10万円で購入し、これを陸軍省に寄付する案を上程、可決した。

本書74ページの「33」で取り上げたように、当時の豊橋政界は大口喜六市長らの同志派と、遠藤安太郎らの実業派の対立が尖鋭化していた。完全無償寄付に反対した実業派が県関係者に働きかけた結果、県参事会は一部の無償譲渡を否認。この決定に実業派は力を得て、寄付反対市民大会を開いて反対気運をあおった。大口市長は県知事と相談し、知事が上京して陸軍大臣と協議した結果、陸軍省が4割購入、残り6割は豊橋市の寄付という案で決着した。

建設資材は牟呂港から陸揚げされ、現場（高師村）までは人力トロッコで運搬された。地域住民は工事を手伝って収入を得たほか、トロッコの線路跡は新しい道路となり、師団誘致は地域の発展に大いに役立った。

1908年、第15師団が正式に発足。地場産業である蚕糸が不景気の影響で低迷していたが、師団設置は

第15師団司令部跡。現在は愛知大学記念館になっている

人口4万人の市に1万人以上の新たな消費者をもたらし、関係企業や出入業者も増え、地域経済を回復させた。蚕都と呼ばれていた穂国は軍都に変貌していく。

豊橋市街を非番兵士が闊歩し、入営・除隊時期には付き添い家族や役場関係者でにぎわい、旅館や商店、繁華街は大いに潤った。

高師・天伯原での演習は年中行事となり、師団兵舎の時告ラッパの音は周辺農家の時計代わりとなった。泥路対策として1000頭以上の馬の蹄鉄を打つ音は遠くまで聞こえ、雨が近いことを告げる役を果たした。

師団から出る人糞、馬糞は農家の貴重な肥料であり、これを受領するのにも許可を要した。周辺農家だけでなく、遠隔地からも取りに来たという。

大口市長は師団誘致の際に、その条件として、札木・上伝馬の遊廓を移転拡張することを約束していた。その結果、遊廓業者は兵営に近い瓦町・東田《あずまだ》に移転することとなった。

これも軍都に転じた豊橋の歴史である。

36　吉田藩武士の副業が礎となった豊橋筆

明治後期に筆の生産が豊橋の地場産業の一つとなる。豊橋筆は1804年、吉田藩主松平信明が京都の職人鈴木甚左衛門を御用筆匠として招いたことから始まる。御用筆匠とは藩のために筆をつくる職人を指す。

財政難の吉田藩は下級武士の副業として筆づくりを推奨した。穂首（筆毛）の原材料となるタヌキ、鹿、イタチ等の獣毛が入手しやすく、かつ吉田が東海道の宿場町であり、他藩への商いに便が良いことを考えての判断だった。

江戸時代は芯巻筆《しんまきふで》が主流であったが、明治初期に芳賀次郎吉が水筆の製法を考案し、弟子の佐野重作がさらに改良を加え、豊橋筆の製法が確立した。

その製法は長さ、硬さ、弾力の異なる毛を選り分け、毛もみし、水を用いて混ぜ合わせる「練り混ぜ」という技法である。毛並みをそろえて芯を作り、その外側に上毛《うわげ》としてそろえた毛を巻き付け、軸を付け、彫刻を施して完成する。墨になじみやすく、滑るような書き味の豊橋筆の特徴は、「練り混ぜ」によって実現した。関屋の百花園に住んでいた画家、渡辺小華（渡辺崋山の子息）に絶賛され、その品質が認められた。

重作は1878年（明治11）、神明町で開業。当初は販路開拓に苦しんだが、奈良の墨屋の助言もあって東京方面に拡販し、豊橋筆の販路は広がっていった。

1888年、豊橋駅が完成して各地との取引が盛んになり、さらに1900年、小学校令改正で習字が国語科に加えられたことから、毛筆需要増加に拍車がかかった。

1902年、重作は豊橋毛筆製造組合を創立。検査員を巡回させて豊橋筆の品質の維持向上を図るとともに、視察員を全国に派遣して各地の筆を調査研究した。豊橋筆は家内手工業であったが、組合が原材料の共同購入や共同保管を担い、組合員を大いに支えた。

佐野重作の記念碑＝龍拈寺内

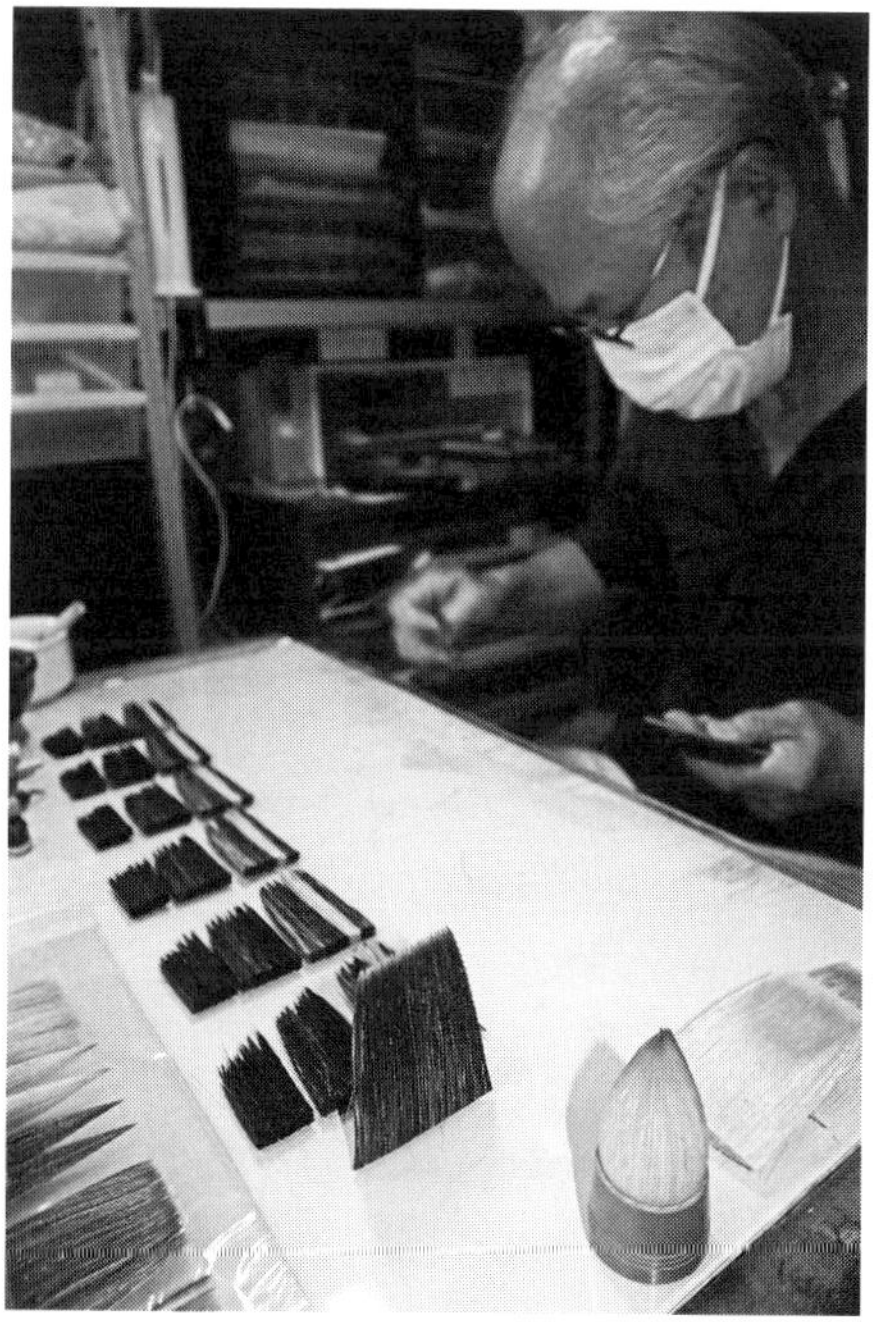

豊橋筆の生産工程の一部

組合員が150人余に増えた隆盛の中で、1911年、重作は60歳で他界。豊橋毛筆業界に尽くした功績を称え、市内龍拈寺《りゅうねんじ》境内に重作の記念碑が建立された。

明治後期に製法や販路が確立した豊橋筆の全国生産シェアは、大正中頃に40％、昭和に入ると50％以上に高まり、豊橋の代表的地場産業のひとつとなる。

豊橋筆の生産は36工程からなり、現在でも全て手作りである。筆の穂首に使用される原毛の選別は難しく、選り分けができるまでに5年以上かかると聞く。

豊橋筆以外では、熊野筆（広島）、川尻筆（呉）、奈良筆、仙台御筆、京都筆などが知られている。豊橋筆は豊橋以外でも、周辺の田原、豊川などでも生産されており、書道用のほか、日本画用、工芸品用、化粧用等の用途に合わせて何百種類もの筆がつくられている。

生産量では熊野筆についで全国2位。書道家向け高級筆としては、現在でも全国的に高いシェアを維持している。

37 白色レグホン導入は日本養鶏史における金字塔

明治維新後、士族の授産活動のひとつに養鶏があった。明治初期、愛知県の養鶏は名古屋士族によって独占的に行われており、飼育形態は放し飼いであった。

レグホン　愛知県養鶏協会提供

こうした中、独自の養鶏技術の開発を試みたのが渥美郡大崎村の小柳津《おやいづ》友治《ともじ》である。友治は養蚕家の小柳津忠民《ただたみ》の長男として１８６３年に生まれた。

１８９１年（明治24）、豊岡村（豊橋市瓦町）で５００羽規模の養鶏を始める。１８９７年には父忠民も養鶏を手伝うようになり、飼育数も徐々に増加。採卵養鶏に徹し、約８０００羽を飼育する全国最大規模の養鶏家となった。

友治の最大の功績は、産卵量が名古屋種、三河種を大きく上回る白色レグホンを米国から輸入したことである。友治が年平均産卵量２２０個の白色レグホンを広めたことにより、それ以後、鶏舎方式の飼育法が東三河で普及する。

レグホンはイタリア中部トスカーナ地方の鶏種であり、１８２８年に西海岸の港湾都市リヴォルノから初めて米国に輸出された。当初はイタリアンと呼ばれていたが、リヴォルノ（Ｌｉｖｏｒｎｏ）の英語読みであるレグホン（Ｌｅｇｈｏｒｎ）の呼称が定着した。

レグホンは黒、白、茶色の3種であるが、白種が１８６８年のニューヨーク品評会で1等を獲得し、１８７０年に米国から英国に輸出され始めた。

レグホンは白い卵を産み、その数は時に年間３００個以上に及ぶ。現在、白色レグホンは商業、産業用の生産性の高い産卵ハイブリッドを生むために活用されている。

明治30年代半ばには県の奨励もあり、第一次世界大戦後の農村不況の打開策として養鶏熱が高まった。昭和期に入ると、養鶏はさらに盛んになり、戦前には老津村の飼育数が４万羽を超えた。

老津村は現在の豊鉄渥美線老津駅周辺にあった。三河湾に面していたことから、江戸時代には大津と呼ばれた地域だが、明治時代に老津に改称した。

養鶏が盛んになると、友治は飼料にも工夫を加えた。それまでの飼料は豆糟や米ぬか、魚のアラが中心であったが、友治はそれらの供給量が追いつかないことを見越し、当時の満州（現中国東北部）からコウリャンやトウモロコシを輸入した。

友治のこうした先見性が養鶏発展の基盤となり、豊橋地方の鶏は白色レグホンに統一され、生産された卵は白皮大卵として名声を得る。

養鶏は、大正から昭和にかけて農家の副業として定着。特に農業恐慌下における豊橋地方での普及は目覚ましく、昭和初期の豊橋駅の鶏卵発送高は全国一の規模となった。

友治による白色レグホン導入は、日本の養鶏史における金字塔といえる。友治の進取性は三男津三郎（１８９０～１９６３年）に引き継がれ、津三郎は卵を人工ふ化させる孵卵器《ふらんき》を導入した。

戦後の養鶏業のさらなる隆盛を見ることなく、友治は１９４３年（昭和18）に没した。

小柳津家禽場の広告　『家禽界』14(4) 暁声社（1924年４月）国立国会図書館デジタルコレクション

38 大正期経済を象徴する高橋小十郎の浮沈

高橋小十郎武彦

穂国の大正時代は、第一次世界大戦（1914〜1918年）や関東大震災（1923年）、それに起因する経済変動、大正デモクラシーと総称される政治や社会運動の動き、自動車や飛行機の登場など、時代の波に影響される。

第一次大戦による戦争景気は、穂国では主に生糸、製糸業に及んだ。所得の100分の15を納税する戦時利得税が導入され、高額納税者のほとんどが製糸業者だった。

1912年（大正元）に約500人であった豊橋商業会議所の会員数は、1922年には約1400人となり、その間の経済の成長ぶりが伺える。

穂国の大正時代における代表的人物として高橋小十郎が挙げられる。そのルーツは吉田船町の回漕肥料問屋、高橋小十郎茂彦である。

奉公人だった小野田久助は、1870年（明治3）、主人高橋小十郎が他界したために高橋家を継ぎ、小十郎を襲名した。この小十郎久助は家業の一方で、第八国立銀行支配人、豊橋町会議員、豊橋商業会議所常議員、衆議院議員、三遠銀行初代頭取、豊橋商業会議所会頭等を務め、1911年に亡くなった。

1907年、その養子になったのが、1881年八名郡賀茂村生まれの竹尾武彦である。やはり小十郎を襲名した。小十郎武彦は1912年、大口喜六の後をうけて豊橋市長に就任したが、翌年に飯村《いむれ》溜池不正事件のため退任し、以後は実業界で活動する。

1918年、実父竹尾準の後を継いで三遠銀行頭取になるとともに、豊橋商業会議所会頭に就任した。三遠銀行は、その当時豊橋に本店を構える唯一の銀行であった。

小十郎は三遠銀行をバックにして拡張路線を走り、豊橋瓦斯の株式買占めを手始めに、音羽製陶や豊橋紡織の設立、豊橋電気、細谷製糸、渥美電鉄等、多数の企業の役員就任など、目まぐるしく実業界に進出した。

第一次世界大戦が終わって景気が調整局面に入ると、1920年3月15日に株価が大暴落。不況が始まり、生糸相場も暴落し、穂国の製糸業者や融資する銀行にも影響が及ぶ。三遠銀行の融資も焦げ付きが出るようになり、経営が悪化。1921年、小十郎は三遠銀行に尾三貯蓄銀行と新城銀行を吸収合併させ、愛知県下有数の尾三銀行に改組、改称した。しかし、全国的な金融恐慌の波から逃れることはできず、1923年7月、尾三銀行は休業（事実上の破綻）を余儀なくされ、小十郎は商業会議所会頭を辞任すると同時に、多くの企業の役員も辞し、私財を投じて関係事業の整理に当たった。

今風に言えば、ジェットコースターのような浮き沈みに身を委ねた小十郎は財界の第一線から引退し、その後は参陽新報と私立豊橋盲唖《もうあ》学校の経営に当たり、第二次世界大戦中の1943年（昭和18）に没した。

私立豊橋盲唖学校（1927年）　豊橋市編『豊橋市写真帖：行幸記念』

39 穂国の農林漁業 集積地の確立には至らず

現在、豊橋、田原の農業生産高は全国屈指の地位にある。産地と消費地を擁する穂国農林漁業は大いに発展する可能性があったが、大正期には関係者がまとまらず、集積地としての基盤確立に至らなかった。

穂国魚市場の淵源は戦国時代までさかのぼる。穂国は江戸時代を通して三河湾水産物の水揚げ地となり、1876年（明治9）に有力問屋が集まって豊橋魚問屋を結成。1879年には豊橋魚鳥株式会社となり、順調に発展した。

1907年、陸軍第15師団の設営が始まるとさらに業績好転が見込まれたものの、手数料引き上げを巡って仲買人と会社が対立。1908年には、豊橋仲買魚問屋、渥美水産株式会社という別組織が立ち上がり、紛糾が続いた。結局1913年（大正2）に一印魚市場（豊橋海産株式会社）も含めてこれらが合併し、株式会社魚市場となった。

一方、農産物では1897年に青果市場ができ、1908年一星豊橋青果問屋、翌1909年大丸青乾物問屋が開設され、仲買人の引き抜き合戦などで勢力を競い合った。

この頃、運営が軌道に乗り始めた魚市場の内藤斉平《さいべい》が農産物市場買収に動き始めたため、対立していた青果市場は1918年、合併して豊橋青果株式会社（通称大一市場）となる。

1924年になると東三河生産者出荷組合（新市場）という対抗組織が出現。新市場が設立認可を杉浦武雄衆議院議員に頼ったこともあり、大一市場は政友会系、新市場は民政党系という政治的対立の色彩を帯びた。このことは青果市場のその後に影響する。

日中戦争が始まり、世相が厳しさを増す中で1940年（昭和15）に両社は合併。太平洋戦争開戦後の戦時統制下で1942年に愛知青果株式会社が組織され、豊橋のみならず、牛久保、新城、田原等の各市場はその荷受け機関となった。

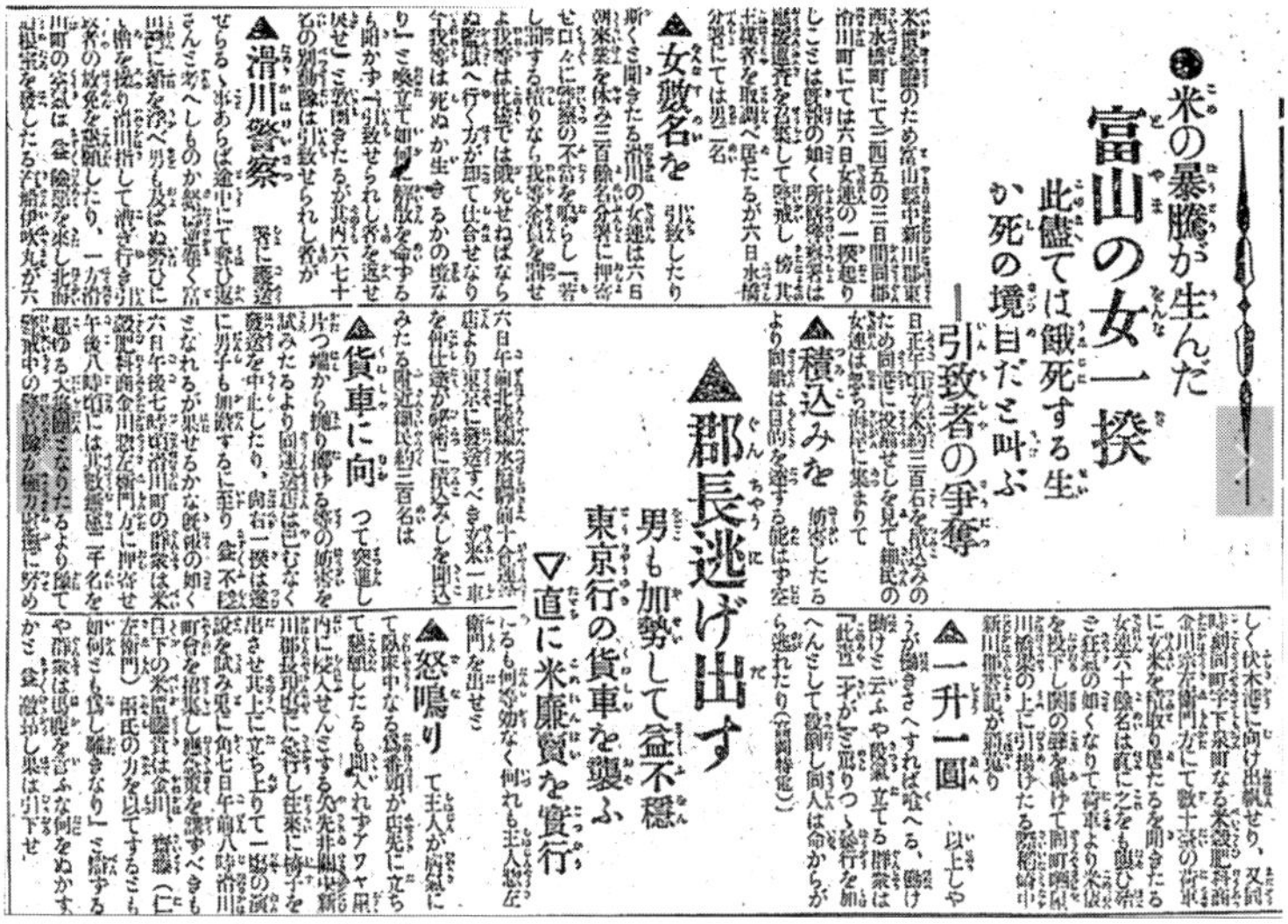

●米の暴騰が生んだ
富山の女一揆
此儘では餓死する生か死の境目だと叫ぶ
—引致者の争奪

▲郡長逃げ出す
男も加勢して益不穏
東京行の貨車を襲ふ
▽直に米廉賣を實行

米騒動を伝える新聞記事　「東京朝日新聞」1918年8月8日

林業は明治時代に地場産業として発展していたが、集積地や市場を確立する動きには至らず、広大な林業後背地を有する地の利を生かす展開にはならなかった。

こうした中、大正時代の穂国も米騒動に見舞われる。豊かな米作地を有する穂国であったが、第一次世界大戦が始まると１９１７年頃から米価が急騰。地主や米商人は売り惜しみと投機に走り、豊橋米穀取引所の米価も高騰の一途を辿った。

１９１８年7月末、富山県魚津町で漁師の女房衆が地主や米商人に米価引下げを要求する動き（女房一揆）が始まり、これが報道されるとたちまち全国に波及。8月10日には名古屋を含む全国主要都市に飛び火し、豊橋でも同12日から騒動が始まった。豊橋米穀取引所理事の中林登平宅や鈴木三郎商店を筆頭に米穀商が襲撃され、騒動は翌日も続いて警察や軍が出動。9月上旬まで続いた米騒動は全国３６９市町村で勃発し、豊橋では53人が逮捕された。米騒動は政治にも影響を与え、寺内正毅藩閥内閣は総辞職。平民宰相原敬率いる本格的政党内閣の登場につながる。

40 第一次電灯騒動 政争と騒乱の顛末

近代化が進む穂国の電力需要は増加し、1894年（明治27）に創業した豊橋電灯は順調に事業を拡大していた。

それに伴い、名古屋の投資家にも出資を仰ぐ展開となった。投資家であり、取締役として経営陣にも加わったのが福沢桃介である。

福沢は1868年（慶応4）、武蔵国生まれ。慶応義塾に学び、福沢諭吉の娘の婿養子となって福沢姓を名乗る。1890年代に株式投資で蓄財した資金を元に実業界に転じる。

矢田績 『明治の名古屋人』

福沢が実業界で活動を始めた頃、名古屋では名古屋電灯、名古屋電力、東海電気の3社が競合。やがて名古屋電灯と東海電気が合併する際、経営状況を調査した三井銀行名古屋支店長矢田績《せき》は福沢の慶応義塾の先輩であった。

名古屋電灯の財務内容が良好であることを知った矢田は、かねて有望な投資先紹介を頼まれていた福沢に連絡。1909年、福沢は名古屋電灯株買占めを始め、翌年には最大株主になって常務取締役に就任。その直後、今度は名古屋電力を合併し、名古屋の政財界に一躍名前を知られた。

上記のとおり福沢は豊橋電灯にも出資し、豊橋電気と改称した後は社長に就任していた。1920年（大正9）、第一次世界大戦後の不況下で株価が暴落。豊橋電気も名古屋電灯との合併話が持ち上がる。

地元電力会社が名古屋資本に吸収されることに市議会と市民が反発し、政争に発展。大口喜六元市長率いる同志派は合併賛成、実業派と中立派は合併反対で電力事業の市営論を展開。しかし、名古屋電灯と豊橋電気の企業間合意が成立していたため、合併阻止には至らず、その後は市議会反対派と市民による名古屋電灯に対する電力料金引下げ要求に転じる。

1921年、政争化と市民を巻き込んだ混乱を憂慮した愛知県知事が宝飯郡長と豊橋警察署長らに調停を命じ、同年10月、名古屋電灯は10％の電力料金引き下げと豊橋市に公会堂建設資金を寄付することで決着する。

福沢桃介　国立国会図書館「近代日本人の肖像」

第一次世界大戦後の不況で電力需要は減少し、名古屋電灯の業績は芳しくなく、加えて株価暴落は福沢の資金力にも影響を与えていた。福沢は、大同電力、大同製鋼、揖斐川電工等を次々と設立する拡大路線を走り、資金繰りに行き詰まる。

福沢は電力王と称された九州電灯松永安左衛門に支援を求め、関西電気との合併で改称していた名古屋電灯は、さらに九州電灯と合併して東邦電力となった。

1922年、公会堂建設予定地（現在の公会堂所在地）にあった八町高等小学校の移転、新校舎建設の財源捻出を図る増税起債予算案が市議会に提出された。

今度は大口派が反撃して予算案に反対。市民の関心も高まり、市議会、市役所周辺に群衆が集まり、予算案に賛成した実業派、中立派議員に暴行を加え、細谷忠男市長宅や地元新聞社が襲撃され、流血事件に発展した。

予算案交渉や事態収拾の矢面に立った石田甲太郎助役が病死し、騒乱罪で20人以上が逮捕された。一連の顚末は第一次電灯騒動と呼ばれるが、昭和になると第二次電灯騒動が勃発する。

41 乗合自動車の運行と鉄道敷設で交通新時代へ

日本で初めて自動車が走ったのは1899年（明治32）である。皇太子（後の大正天皇）ご成婚を祝し、サンフランシスコ在留邦人会が献上した電気自動車だった。最初の日本製ガソリン自動車は1907年に東京自動車が製造。1911年に快進社、1919年（大正8）には実用自動車というメーカーが誕生した。

1902年の国内勧業博覧会に自動車が出品され、それを見た豊橋の財界人が自動車運送会社を企画したが、1904年の日露戦争勃発の影響で認可されなかった。

その後、豊橋から渥美半島への往来のために鉄道敷設や乗合自動車運行が計画され、明治末期から大正初期にかけ、渥美自動車、山田自動車、福井自動車等、複数の個人営業乗合自動車が運行を開始した。

第一次世界大戦終結の1919年、豊橋自動車株式会社が設立されたのに続き、渥美自動車と山田自動車が合併して巴自動車が営業開始。1921年、さらにその両社が合併した。

こうして穂国にも自動車交通の時代が到来する。

一方、渥美半島への鉄道敷設も曲折する。陸軍第15師団誘致が決まると豊橋南部の発展を見越して渥美軌道が発起され、1907年に認可された。

同時期、豊川鉄道失敗の影響で豊橋銀行が破綻し（本書66ページ「29」）、大口出資者になる予定だった田原商工銀行が逡巡。その間に競合する馬車鉄道も出願し、両者とも実現せずに大正期を迎える。

大正に入って渥美電気軌道、参宮鉄道等が認可されるも創業に至らず。1920年になると名古屋電灯と豊橋電気の合併騒動の過程で、豊橋電気の経営幹部が社長福沢桃介とたもとを分かち、電力事業から鉄道事業に転身した。

1921年に渥美電鉄を立ち上げ、1924年の高

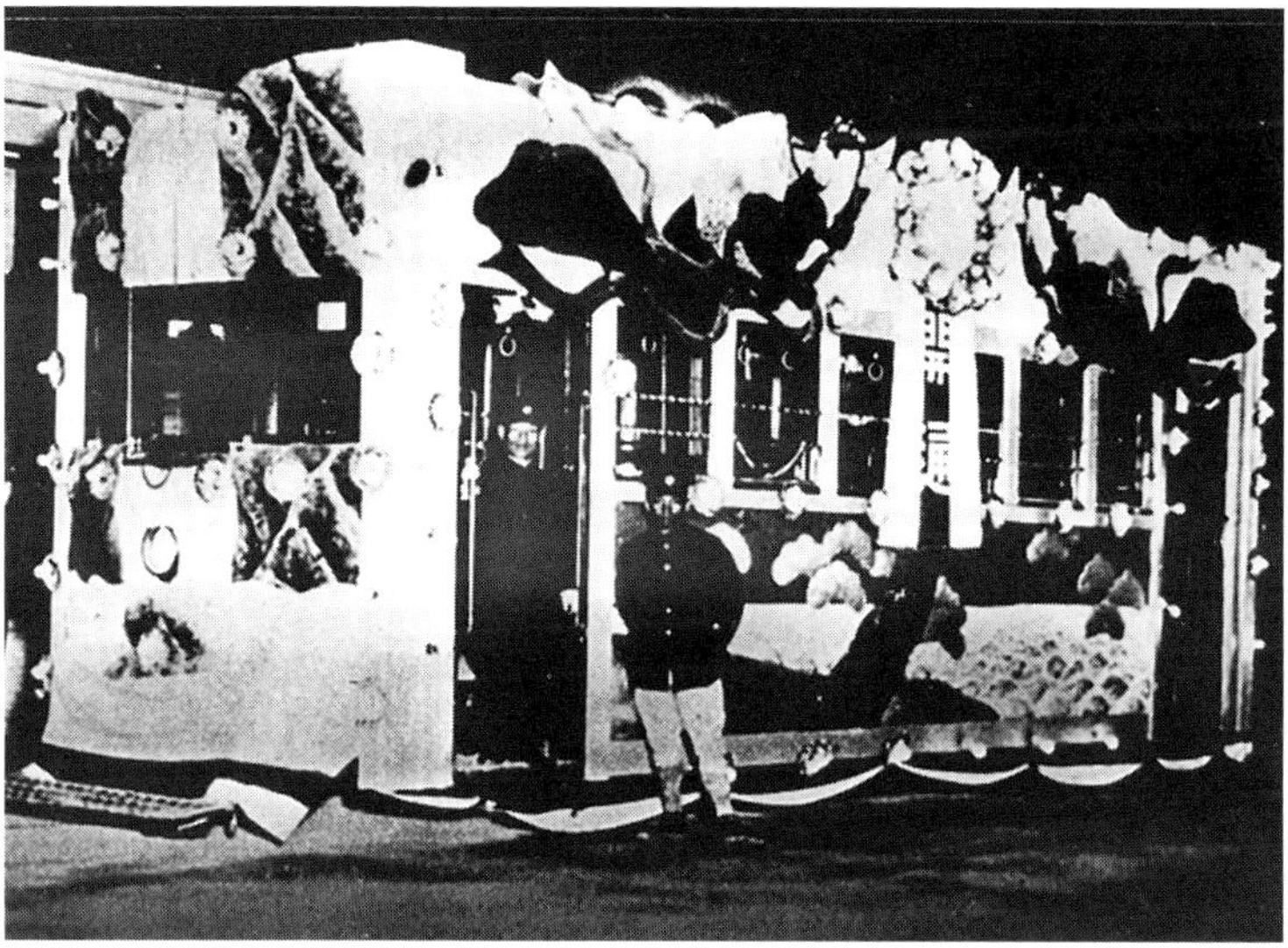
市内線開業を祝う花電車　豊橋鉄道提供

津—豊島間を皮切りに、１９２７年までに全線開通した。

渥美半島にようやく乗合自動車と鉄道という交通手段がそろったものの、両者の競合でいずれも厳しい経営状態が続く。

この間、豊橋市内に路面電車をつくる計画もたびたび浮上しては行き詰まっていた。大正初期に豊橋電気系の経済人が出願したものの、計画線が遊郭を終点としたために当局が難色を示し実現せず。

１９２１年、３度目の出願がなされ、１９２３年発起人会開催、１９２４年株式公募完了、そして１９２５年、豊橋—赤間間、神明—柳生橋間を皮切りにようやく開業した。

しかし、豊橋市内でも乗合自動車との競合は激しく、利用者は１９２９年をピークに漸減する。

明治末期に苦境に陥った豊川鉄道は、大正後半期、倉田藤四郎の下で配当２割という全盛期を迎えていた。豊川鉄道の好業績を見て、鉄道出願が相次いだ。渥美電鉄や豊橋路面電車もその流れである。

１９２１年には、豊川鉄道終着駅の長篠（現大海）から三河川合までの鳳来寺鉄道も設立され、１９２３年に全通した。

42 同志派VS実業派 豊橋政局の顛末

大正時代は社会の近代化が進んだ。穂国も例外ではない。

1912年（明治45）、飯村《いむれ》溜池工事不正事件が発覚（本書84ページ「38」）。当時の市長は初代大口喜六を継いだ同志派高橋小十郎であり、市会勢力を二分する実業派から追及された。高橋は事実を認めず、与党同志派も調査を阻む。

元号が大正と変わった同9月、地元新聞5社の記者団が現地調査を行い、工事の不備や欠陥を指摘。高橋は非を認めず、業を煮やした記者団は約2000人の市民集会を開き、市の責任を問う決議文を採択した。10月の市議会選挙では同志派13議席（3議席減）、実業派13議席（5議席増）、中立派4議席となり、実業派は12月議会で高橋を追及し、不正を認めさせた。

翌1913年3月、高橋は辞任し、実業派の榊原弁吾が市長就任する。しかし、その後実業派議員3人が死去。市長は多数派となった野党同志派の攻勢を受け、市政運営に行き詰まり、1914年2月、新年度予算成立を機に辞任した。

市長不在が続き、県が市長事務管掌を派遣する始末となる。事態打開のため、同志・実業両派が妥協し、初代大口喜六が市長に復帰。大口は助役を実業派から、議長を同志派から選び、両派の均衡を図り、混乱は収束に向かった。

豊橋市政が混乱した1910〜1920年代にかけて、全国的には自由と民主主義を求める大正デモクラシーの時代だった。

大正デモクラシーという表現は歴史学者信夫清三郎が1954年に刊行した「大正デモクラシー史」が契機となって後世になって定着した。

引き金のひとつは米騒動である。1918年、英米両国の要請を受けて日本は第一次世界大戦末期にシベ

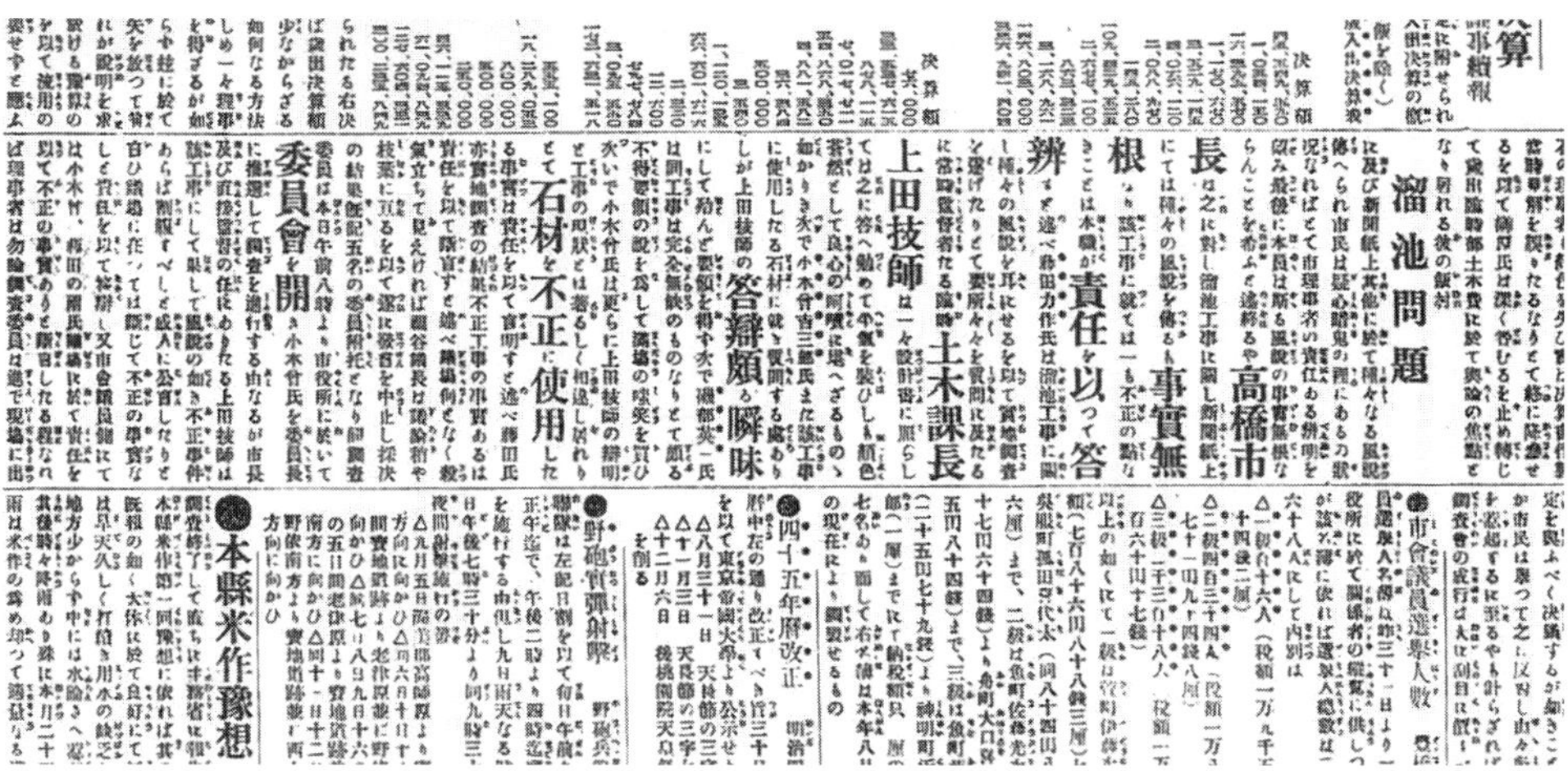

飯村溜池事件を追及する「新朝報」1912年9月1日　豊橋市中央図書館蔵

リア出兵を宣言。戦時需要拡大を見込んだ商人や投機筋が米の買い占め、売り惜しみに走り、米価が急騰。富山で米問屋襲撃騒動が起き、全国に広まった。

豊橋でも逮捕者53人を出す事態（本書86ページ「39」）に至り、この騒動が契機になって、社会運動や労働運動が萌芽した。

1922年、穂国では河合陸郎《ろくろう》らが黒墓土《くろぼど》社を結成する（河合は後に豊橋市長を務める）。1925年、中央の政治研究会という大正デモクラシーを主導する組織の豊橋支部が結成された。穂国における労働運動の先駆けである。1926年5月、曲仙製糸で労働条件を巡り争議目前に至るも、思想弾圧を目的とする特別高等警察が介入して頓挫。しかし7月、豊岡ゴムで豊橋最初の労働組合が誕生した。1927年、前記の政治研究会が前年に結成した労働農民党の東三支部が発足。5月、佐久間製糸で豊橋初の労働争議となり、労使交渉が行われた。1928年、中央では治安維持法に基づく弾圧が行われ、全国に波及する。労働農民党東三支部も解散させられ、穂国における労働運動や社会運動も潰えていく。

43 大正期の地場産業 麻真田は生産シェア日本一に

大正期穂国を代表する地場産業のひとつは麻真田《あささなだ》である。マニラ麻の繊維を生糸でつなぎ、細いテープを巻きつけて真田状に編んだ幅の狭い織物である。

「真田」の語源説のひとつは、信州上田城主の戦国武将真田昌幸（幸村の父）に由来する。刀の柄《つか》を覆う紐《ひも》の昌幸流の巻き方を人々が真田打《うち》と呼んだことが発端だ。

幅の狭い織物紐を狭織《さのはた》と呼んでいたものが転じて「真田」になったという説もある。狭織は古代織物「綺《かんはた》」を継承したものであり、帯として使われてきた。

真田織《おり》、真田紐、真田打、真田編《あみ》、真田緒《お》などを総称して「真田」と言う。細い真田紐は巻物や木箱の紐などに使われる。

マニラ麻は主にフィリピン産アパカ植物の葉幹を繊維化したもの。耐水性などに優れ、麻真田を使った婦人用帽子は日本の重要な輸出品となった。

麻真田は１９０８年（明治41）に横浜の企業が工業化に成功。豊橋に麻真田製造を伝えたのは吉浜勇次郎である。

１８６９年神奈川生まれの勇次郎は１９０５年に豊橋に移り住み、その後も横浜と豊橋を往来。やがて横浜で麻真田の製造技術を学び、１９０９年、豊橋で手結び手回し機械による麻真田製造を開始。

豊橋はもともと麻と麻糸の集散地であり、麻問屋があった。また、麦稈《ばっかん》真田が製造されていたことから、それに従事していた女性労働力が即戦力となった。勇次郎はこうした豊橋の優位性を生かし、輸出用麻真田の製造に成功した。

麻真田産業は明治末期から大正初期にかけて成長。編織機が手動式から電動式になって効率が上がり、品質も改善されて業者が急増した。

豊橋では製糸業に次ぐ主要産業となり、第一次世界大戦後に最盛期を迎える。主な製品は、夏向婦人

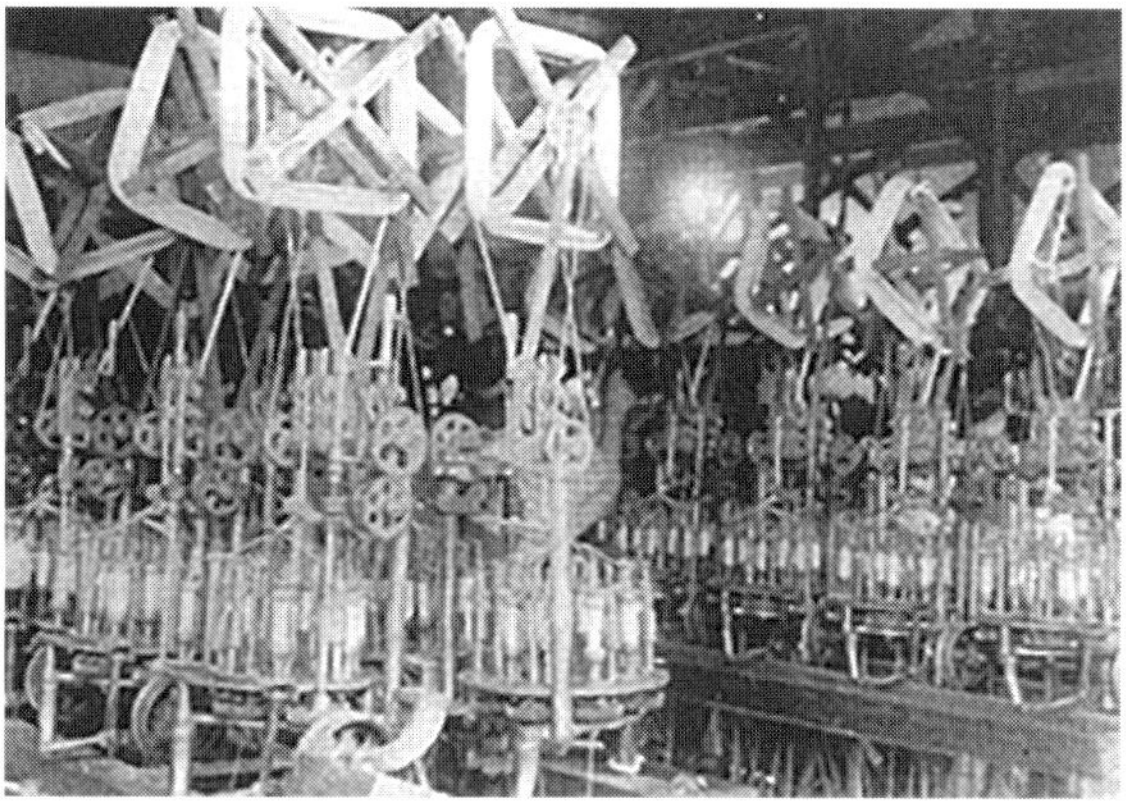
麻真田工場　豊橋市提供

帽、手提篭、室内装飾品であり、欧米諸国に輸出された。

輸出中心の麻真田産業は世界の経済情勢に影響を受けやすく不安定であった。そこで勇次郎は、１９２５年（大正14）に豊橋輸出麻真田工業組合を設立。初代理事長となって、原料共同購入、製品共同販売を行い、規格統一と品質改善を図り、生産および価格の調整を行った。県下初、全国２番目の工業組合である。

第一次世界大戦後の世界的不況の影響で麻真田の輸出は減少し、さらに昭和恐慌で極度の不振に陥った。

麻真田帽子　愛知大学中部地方産業研究所蔵

１９３１年（昭和６）の豊橋の生産者数は組合設立時に比べ半減したものの、他県の生産が激減したため、１９３３年、愛知（業者は豊橋のみ）の生産シェアは全国の40%を超えた。勇次郎は豊橋の日本一を見届け、１９３４年に急逝した。

１９３５年、需要減少と原料マニラ麻暴騰が重なり、生産はさらに減少。以後、戦時色が強まる中で、麻真田産業は衰退していった。

44　仲間21人で始まった海苔の養殖は三河全域に

古来、天然自生の海苔《のり》は税として徴収された。貴族の食用に珍重され、時代を経て庶民にも普及していく。

1814年（文化11）、杢野《もくの》甚七《じんしち》は三河湾に面する宝飯郡前芝村で生まれた。1853年（嘉永6）、海岸の浅瀬でハマグリを入れる籠の葦簀《よしず》・竹・籐蔓《ふじつる》などに海苔が付着しているのを見て、養殖を思いつく。

翌1854年（安政元）、甚七は海中に挿した木枝に海苔の着生を確認。養殖を行うために吉田藩や庄屋等の了解を得るとともに、農地を売って資金を算段する。1857年、海苔仲間21人で養殖を始めた。

最初の年は暴風のために養殖用木枝の大部分が流出し、わずかに生海苔6貫目を採取。その生海苔からつくった乾海苔150枚を吉田藩主松平信古《のぶひさ》に献上した。翌1858年、前芝を含む5カ村の庄屋らが協議して西浜に海苔養殖場を拡張。遠浅の三河湾は海苔養殖の好適地だった。

1866年（慶応2）の前芝村海苔仲間65戸の収穫高は850両、1867年は84戸1260両に及び、養殖は軌道に乗った。

杢野が養殖を始めた1857年に渥美郡牟呂村で生まれたのが芳賀保治である。

芳賀は明治新田干拓や牟呂用水建設などに尽力していたが、その過程で牟呂村での海苔養殖の可能性に気づき、1895年（明治28）に豊川河口に海苔採取場を建設した。

先行していた宝飯郡前芝村は反発したが、芳賀は粘り強く話し合って和解。前芝村、牟呂村を含む8地区合同の採取場に発展した。この頃から前芝海苔は三河海苔と呼ばれるようになる。

杢野は1904年に91歳で他界した。前芝海岸には海苔創業者杢野甚七碑が建立された。

養殖場は三河湾全域に広がり、1906年に豊橋、宝飯、渥美の生産者、販売業者が三河海苔改良組合を発足させ、品質や形状を規格化し、三河海苔の信用を高めた。1912年（大正元）には三河海苔同業者組合に発展する。

芳賀は海苔養殖のほかに、六条潟でのアサリの養殖、牟呂用水を利用した発電所や精米所の建設等も行い、渥美郡の公職を歴任。1934年（昭和9）に78歳で亡くなった。

大正期に入ると、三河海苔養殖は渥美郡の田原、宇津江、泉、老津等にも広がったほか、碧海郡の大浜、高浜、刈谷でも始まった。第一次世界大戦後の1917年から1922年の5年間に生産額は8倍に増え、養殖面積187万坪（617ヘクタール）とともに全国一となった。穂国は全国的に知られる海苔養殖産地となった。

海苔養殖は農閑期に現金収入が得られる貴重な仕事である。海苔を抄いた簀《すのこ》はタコと呼ばれる木枠にとめて天日で乾燥させる。農家の庭一面にタコが並べられる晩冬初春の風景は風物詩となった。

県下では三河海苔のほかに、海部郡の蓬莱海苔、熱田から知多半島の年魚市《あゆち》海苔、幡豆の西三河海苔等が生産されたが、やがて県の指示で愛知海苔と総称されるようになった。

海苔の摘み取り　豊橋市提供

三河海苔の起源を示す梅藪漁協の組合碑＝豊橋市梅藪町で

45 穂国にいまも残る近代建造物群の魅力

穂国に残る大正期前後の建造物は興味深い。

豊橋市公会堂は1921年（大正10）、豊橋電気と名古屋電灯の合併騒動の副産物である（33回参照）。曲折を経て1931年（昭和6）に完工した。ロマネスク様式で円形ドームを擁するスペイン風建築は、当時米国で流行した様式である。

豊橋ハリストス正教会による布教は1875年（明治8）に始まり、1979年に木造会堂が、1913年にマトフェイ聖堂が建ち、1926年にはイコノスタシス（聖障イコン（聖画）で覆われた壁）が設置された。「ハリストス」はキリスト、「マトフェイ」はキリスト十二使徒のひとりマタイのスラヴ語読みである。

愛知大学周辺と構内には、旧陸軍15師団関係の建物が多数残る。1908年築の旧機銃廠《きじゅうしょう》、歩兵第60連隊将校集会所、1912年築の長官舎などである。近くの田原街道沿いには大正期の英国積赤煉瓦造りのコンドーパン南栄蟹原店もある。

1925年築の鳳来館は大野銀行2代目本店である（22回参照）。角地に設けられたメダイオン（円形装飾）付玄関は曲線状に造られている。1896年の銀行設立時に初代本店とともに建てられた土蔵も残る。

周辺には旅館若松屋、旧料亭菊水、溝口時計店等、明治末期から昭和初期の建物が集まる。

大野銀行のあった三河大野はかつて養蚕業の中心地であり、絹糸製糸業や林業で栄えた。秋葉街道や別所街道の宿場町でもあり、何軒もの旅館が立ち並んだ。

別所街道の黄柳川には1891年に初代木橋が架けられ、1918年に2代目の鉄筋コンクリート製オープンアーチ橋が架設された。黄柳橋である。

耐震性や安全性を高めるために、橋を支えるアーチと道路面の間の空間に組まれた井桁状支柱は造形的にも優れている。現在は3代目黄柳橋が架けられ、2代

豊橋ハリストス正教会

コンドーパン南栄蟹原店

愛知大学中部地方産業研究所付属産業館
（旧機銃廠）

旧料亭菊水

若松屋旅館

旧溝口時計店

黄楊橋
奥三河観光協議会提供

目は歩道として利用されている。

　別所街道沿いにある新城の老舗和菓子屋豊寿園は洋風ファサード（建物正面デザイン）の看板建築。大正末頃の建物だ。看板建築とは平坦な建物前面をモルタルや銅板で仕上げて装飾する構造を指す。近くには１９２９年築の田口医院もある。

　豊川御津には大正期の典型的洋風建築である旧今泉医院診療棟がある。

　牛久保には、旧星野医院、旧牛久保郵便局等、昭和初期の洋風意匠の建物が残る。豊川稲荷近くには１９１６年築の松井線香（旧日本駆虫品製造）工場がある。

　白亜塔形の伊良湖岬灯台は１９２９年に設置された。

　それ以前の前芝燈明台は１６６９年（寛文９）に三河吉田藩が吉田湊に建設。日本で２番目に古い木造瓦葺の燈明台であり、その光は西浦、田原まで（４里以上）届いた。現存燈明台は復元である。

旧星野病院

今泉診療棟

松井線香製造

旧牛久保郵便局

伊良湖灯台

46　昭和恐慌に翻弄された豊川鉄道

明治・大正時代を経て、穂国にも近代産業の基盤が整ったものの、やがて1927年（昭和2）の金融恐慌と1930年からの昭和恐慌に翻弄《ほんろう》される。

金融恐慌は1923年（大正12）の関東大震災時の震災手形の不良債権化が背景だが、1927年3月14日の国会における片岡蔵相の「東京渡辺銀行が破綻した」との失言が端緒となった。

昭和恐慌は1929年10月の米国株価暴落に端を発し、日本では翌1930年から1931年にかけて深刻な不況となる。

1897年（明治30）、愛知県最初の私鉄として誕生した豊川鉄道の経営は不安定であり、株式買い占め騒動にも巻き込まれた。

1910年には不正経理事件も発覚するなど散々な状況だったが、その機に支配人に就任した倉田藤四郎が中興の祖となる。

倉田は減資や不良債権処理を断行。徹底した節約経営、ホームで養鶏を行うなどの多角化、さらには従業員の賃金抑制で業績を好転させた。

賃金抑制は1919年のストライキにつながったが、倉田は従業員に株式を分配して事態を収束させるなどの手腕も発揮し、同年下期には24％の高配当を実現した。

ここから倉田は拡大路線に転じる。1923年の鳳来寺鉄道開通を機に、鳳来寺山や鳳来峡の観光地化、湯谷駅での温泉ホテル開業等、集客に注力し、旅客数を大幅に増加させた。豊川・鳳来寺両鉄道を1925年に全線電化し、1927年田口鉄道、1928年三信鉄道を相次いで設立した。

この間、名古屋を拠点とする藍川清成率いる愛知電気鉄道が1926年に豊川まで進出。さらに吉田（豊橋）まで延伸するための豊川架橋には多額の建設費と

大正末期に製造された田口鉄道の「モハ 14」＝道の駅したらで

長い工期が必要になるため、1927年、倉田の豊川鉄道と藍川の愛知電鉄は提携した。

拡大路線を続けてきた豊川鉄道も金融恐慌と昭和恐慌に直面。製糸・製材等の地場産業も苦境に見舞われ、旅客数が減少。1930年には大幅減収に転じた。

1931年、旅客数回復を企図して開設した長山遊園地、往復割引切符やお座敷列車などのアイデアも奏効せず、業績悪化に歯止めはかからなかった。

1934年、三信鉄道への株式払込金調達のための社債発行を巡る独断が問題視され、倉田は辞任。

倉田辞任後、鉄道省出身の後継経営陣は事態を収拾できず、さらに吉田駅長横領事件、組合争議、株主との対立等に翻弄され、1938年、名古屋鉄道（1935年に愛知電鉄等から改編）に株式譲渡。豊川鉄道は鳳来寺、田口両鉄道とともに名鉄傘下に入った。

1937年、東海道本線豊橋駅と中央本線辰野駅は豊川・鳳来寺・三信・伊那電気の4鉄道で結ばれた。4鉄道は1943年に国有化され、飯田線となる。豊川鉄道は1944年に名鉄と合併し、歴史を終えた。

47 第二次電灯騒動は「暗黒化運動」に発展

１９２７年（昭和2）の金融恐慌と１９３０年からの昭和恐慌に翻弄《ほんろう》されたのは豊川鉄道にとどまらない（本書１０２ページ「46」）。電力会社も騒動に巻き込まれる。

電力産業創世期の第一次電灯騒動の後、穂国の電力業界は再編、合同を重ね、構図は混迷を極めた。

昭和初期、豊橋、豊川は名古屋が本社の東邦電力、渥美半島は豊橋電気、額田から岡崎は岡崎電気の営業圏となり、東邦電力や矢作水力も進出していた。

岡崎電気は浜松方面にも営業圏を広げ、水窪川水力と連携。豊橋路面電車、豊川鉄道、渥美鉄道、鳳来寺鉄道は岡崎電気から受電するなど、資本関係も業務提携関係も複雑であった。

１９３０年、東邦電力は穂国を含む三河方面を別会社化し、中部電力を設立。中部電力は岡崎に本社を移し、水窪川《みさくぼがわ》水力及び岡崎電気と合併。その過程で起きたのが第二次電灯騒動である。

金融恐慌と昭和恐慌後の不景気のため、全国各地で電力料金値下げ運動が湧き起こり、穂国も例外ではなかった。

騒動の発端は１９２９年の豊橋市議会である。議会が電気料金調査委員会を設置したものの、東邦電力は値下げを拒否。その翌年、上述のとおり中部電力に合併改編した。

委員会は電力需要組合と各町総代会を招いて協議会を開いた結果、電価値下期成同盟会結成に至り、値下げ運動は市民の手に移った。一方、中部電力も電灯料減免を発表する等々、運動鎮静化を図った。

１９３１年2月、総代会は料金即時2割値下げを要求するとともに、受電利用者1万５０００人から料金2割延納の署名を取りつけ、3月1日から強行することを中部電力に通告。いよいよ電灯騒動勃発である。

４月８日、中部電力は料金不払い世帯に送電中止という強行策に出た。同日、総代会は豊橋劇場で大演説会を開催。13日には花田町と西小田原町の市民が料金不払い実行のために３月分料金を豊橋供託局に供託する始末。

５月１日、中部電力は西小田原町の29戸に対して断線を強行。これを受け、同町の３８０戸が一斉同情消灯を実施した。

これは他町にも及び、２月以降には周辺の約３０００戸が消灯を実施。５日、市内７カ町の市民大会が開催され、中部電力が追加断線を行う場合は「一斉消灯によって戦う」ことを決議した。

さらには廃灯減灯、つまり電気不買を決議する町が次々現れ、門灯廃止申し込み数は２０００灯と、全市門灯の４割に達した。「暗黒化運動」である。

５日夜に常磐通り、６日夜に広小路の街灯が消灯するなど、第二次電灯騒動は泥沼化した。

しかし騒動長期化によって徐々に総代会の足並みがそろわなくなり、騒動を取り上げる新聞記事も減少。市民にも厭戦ムードが漂った。

10月30日、ようやく妥協が成立。総代会が料金２割値下げ要求を取り下げる一方、中部電力は市に７万円を寄付。２年余にわたる第二次電灯騒動は終わった。

この時期、社会運動の活発化と不景気の影響があいまって、同様の騒動は全国各地で発生。穂国の第二次電灯騒動もその一端である。

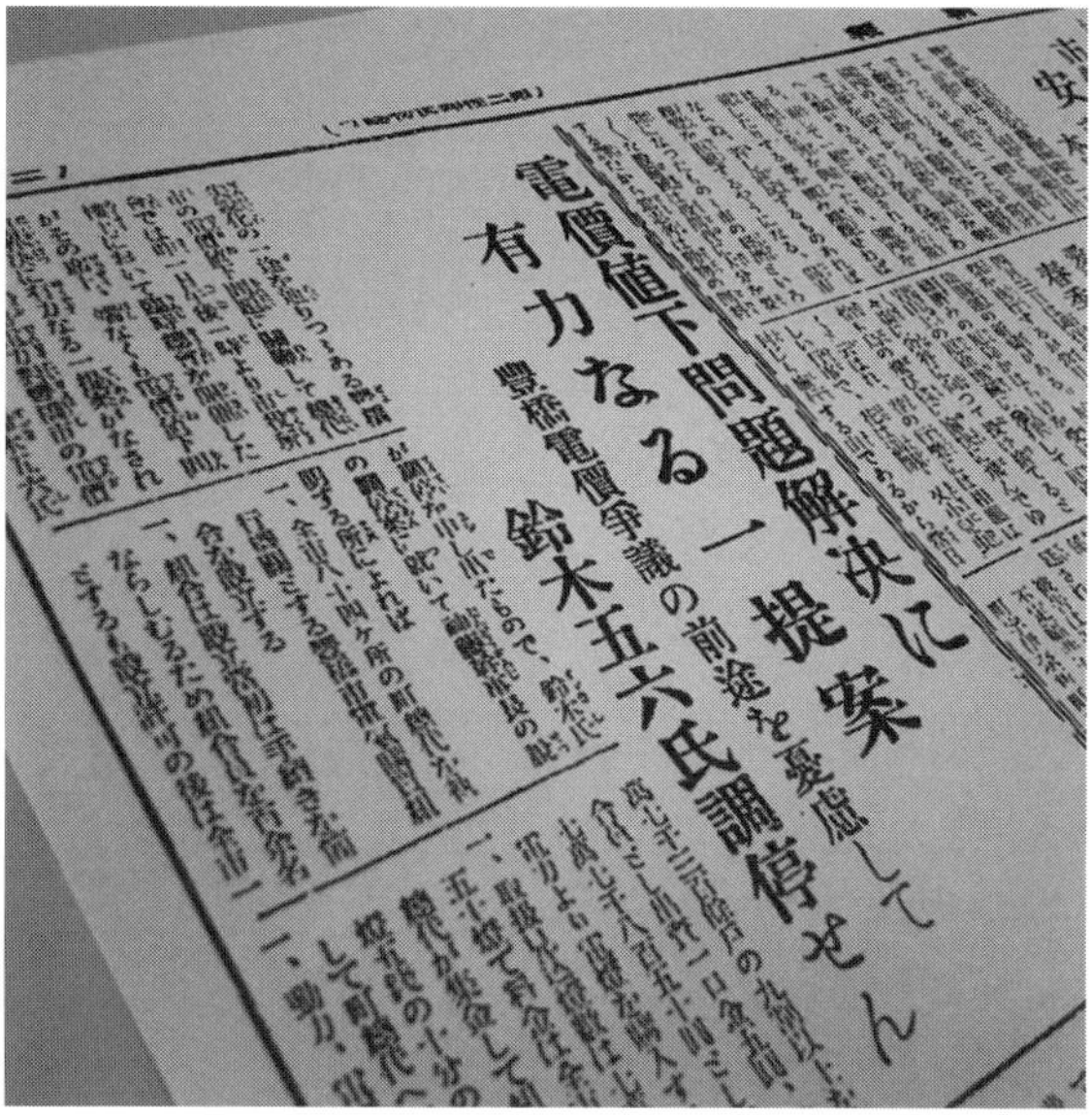
電價値下問題解決に一提案
豊橋電價爭議の前途を憂慮して
有力なる鈴木五六氏調停せん

電灯騒動を伝える新朝報　豊橋市中央図書館提供

48 製糸業に大打撃を与えた昭和恐慌

1923年（大正12）の関東大震災時の震災手形の処理等に端を発した1927年（昭和2）の金融恐慌、及び1929年からの世界恐慌の結果、各地で銀行の取り付け騒ぎが発生した。政府はモラトリアム（支払い猶予）を宣言し、事態鎮静化に努めた。

豊橋でもモラトリアム実施当日の1929年4月22日朝、各銀行の店頭に2日間休業の貼り紙を掲示。銀行は25日（24日は日曜）に再開され、幸い取り付け騒ぎは起きなかった。しかし銀行から郵便局へ預け換える動きは広がり、豊橋郵便局の預金受入額は平常時の10倍に達した。

同年10月、ニューヨーク株価暴落を契機に世界恐慌に突入する。それに先立って政府が進めていた金本位制導入、翌年1月からの金解禁は最悪の時期に重なった。内外物価の低下と輸出激減で日本経済は深刻な不況に陥り、昭和恐慌が始まった。

穂国の主要産業であった製糸業は世界恐慌前には決定的な打撃を受けていなかった。金融恐慌時に玉糸業者は5日間休業を申し合わせたものの、その後は米国経済の復調につれて業況は好転。世界恐慌直前の生産量は、金融恐慌後の1・5倍まで伸長していた。

しかし、生糸の最大輸出先であった米国景気が世界恐慌の影響で失速。製糸業は深刻な打撃を受け、1929年秋から翌年秋にかけて生糸価格は約3分の1に下落し、賃金未払いのまま休業する工場が続出。解雇された女工たちは帰郷する旅費もない有り様だった。

1931年、東三生糸製造同業組合が中小業者のために賃金引き下げ許可を当局に求め、苦境打開を図った。それでも立ち行かない小規模業者は生糸生産に見切りをつけ、米国から輸入された古絹靴下からほぐし糸をつくる再生絹糸業に転じた。

同年10月、市内製糸業者は20日間の一斉休業を申し合わせたが事態は改善されず、翌月には二度目の賃下げ許可を求め、長期操業短縮に入った。製糸業から始まった穂国の昭和恐慌は他産業に波及し、市内は多数の失業者であふれた。

世界恐慌初期のの取り付け騒ぎでニューヨークのアメリカ連邦銀行に集まった群衆
National Archives Photo - Social Security History Site

同年12月、高橋是清大蔵大臣が金輸出再禁止、1932年にはそれを嫌気して株価が下落を続け、3月1日、名古屋の村瀬銀行が倒産。3日、4日は県下各地で取り付け騒ぎが続いた。

これを受け、中京三大銀行と言われた愛知銀行、名古屋銀行、明治銀行のうち、穂国と密接な関係にあった明治銀行でも3月5日に取り付け騒ぎが発生して休業に至る。日銀が紙幣80トンを積んだ現金輸送（託送）列車を名古屋駅に送り込んだことが奏効して取り付けは収まったものの、結局明治銀行と額田銀行が破綻した。

明治銀行は大株主でもあった二代目神野金之助と富田重助が私財500万円を投じて清算することになった。

二代目神野金之助は神野新田を手放すことを決意。1933年、神野新田の土地設備一切は神野新田土地株式会社の資産となり、明治銀行預金整理の一環として債権者に同社の株式が交付された。新会社の専務には神野三郎が就いた。

49 福谷から神野へ 穂国経済界の系譜

1927年（昭和2）、金融恐慌の年に商工会議所法が制定され、豊橋商業会議所は商工会議所に改名され、1928年に花田町石塚（現在地）に新しい商工会議所ビルを建設。1929年からの昭和恐慌後も含め、景気対策に腐心した。

1925年（大正14）に会頭に就任した福谷元次の下、神野三郎《かみのさぶろう》が副会頭に就いた。福谷は各級議員や町長等の公職、さらには豊橋蚕糸周旋株式会社や豊橋瓦斯株式会社の社長も歴任した穂国大正期の政財界重鎮である。その福谷が次代の財界指導者として嘱望したのが神野三郎であった。

1930年に神野が会頭に就任した頃は不景気のおりで会議所会員数も半減。神野は豊川稲荷奥殿落慶を好機とみて、豊橋臨済寺境内で高野山弘法大師一千百年遠忌奉賛会を開催。今風に言えば観光イベントである。

豊橋公園では豊橋市商工協会とともに全国特産品博覧会を開催し、奉賛会ともども成功に導き、不況下の穂国経済を底支えした。三信鉄道設立にも尽力するなど、神野三郎は大正期、昭和初期の穂国財界人の中心人物である。

1875年（明治8）に清洲で生まれた三郎は母が神野家の出身。母方の祖父神野金平が三郎の才覚を見抜き、1883年に養子とし、後に義父となる叔父の初代神野金之助の義弟となった。

1893年、初代金之助が神野新田開拓に着手すると、三郎は現地責任者に抜擢されて頭角を顕す。

1896年、神野新田が完工。榎本武揚農商務大臣らが列席して成工式が行われた。

1906年には農事試験場を作って農作物研究を重ね、小作農家に対する農業指導も行った。また、豊橋蚕糸周旋会社（1907年）、東海ペニー株式会社（19

１７年）、豊橋電気軌道株式会社（１９２３年）など、数多くの会社設立にも関与している。

三郎は緑肥や堆肥、さらには１９０８年に豊橋に移転してきた陸軍第15師団の厩肥も活用して土壌を改良し、神野新田の収穫量は徐々に増加していった。

神野新田は全国的に模範的新田と評価され、新渡戸稲造（１９１２年）、竹田宮恒久王（１９１５年）等の要人が視察に訪れている。

１９０９年に豊橋瓦斯、１９１０年に浜松瓦斯が設立され、三郎は常務として社長の奥田正香を支えた後、大正から昭和初期にかけて浜松瓦斯、岡崎瓦斯の社長を務めた。

神野三郎
神野三郎翁伝記編纂委員会編
『神野三郎伝』

１９４３年に豊橋瓦斯と浜松瓦斯が合併して中部瓦斯が設立され、三郎は初代社長に就任。また、太平洋戦争後の農地改革に際し、１９４６年に神野新田を開放した。豊橋市神野新田町にある神富神社の境内には「神野三郎翁頌徳碑」が建立されている。

ちなみに、江戸時代に名古屋城下で財を成した「紅葉屋財閥」富田家と神野家は姻戚関係にあり、毛利新田、神野新田の開発には富田家の資金も投入されている。

神野三郎頌徳碑　神野三郎翁伝記編纂委員会編
『神野三郎伝』

50 昭和になって温室園芸も穂国の代名詞に

明治時代の穂国の代表的産業は製糸業。豊橋は生糸と玉糸の生産地として全国に知られ、蚕都《さんと》と称された。明治末期、桑畑面積は八名郡で1000ヘクタール、渥美郡で2000ヘクタールに及んでいた。畑地の多い八名郡石巻村は桑畑で埋め尽くされ、渥美郡も農地の半分余は桑畑が占めた。

世界恐慌下の1930年（昭和5）、生糸価格も暴落して養蚕農家は苦境に陥ったが、代替収入の道はない。桑畑も養蚕農家戸数も減少せず。農家は生産量拡大で凌いだ。しかし、1937年の日中戦争勃発頃から食料増産のために転作が進み、桑畑は減少していった。

明治期までは甘柿や渋柿等が自然栽培されていたが、大正期に入ると庶民の購買力が向上。良質な柿が売れるようになり、品種や栽培方法も改善した。

1912年（大正元）、石巻村の山本鉄次、山本清次、鈴木周次、杉浦市次の4人が次郎柿や富有柿の苗を入手し、石巻村で本格的な柿栽培が始まった。

大正末期に病虫害による被害が広がったが、玉川農業補修学校長鈴木繁尾が病害防除法を確立。1930年に八名郡果樹組合を組織して初代組合長に就き、栽培技術指導、販売促進に取り組み、1934年には石巻村の柿栽培面積は愛知県下最大となった。

しかし、太平洋戦争が始まると、食糧生産のためにサツマイモへの転作を命じられ、栽培面積は大幅に減少した。

昭和入り後、温室園芸も穂国の代名詞となった。豊橋にとどまらず、宝飯郡、渥美郡にも拡大し、穂国全体で10ヘクタール、温室は1000棟以上に達した。

温室園芸発展の端緒となったのは、北島在住の中島龍松・駒次兄弟である。

温室栽培の中心はトマト・メロン・キュウリであった。トマトは1902年（明治35）に中島駒次が試作し、

1935年頃には全国一の生産地になっていた。

中島駒次は自宅の風呂場横に5坪ほどのガラス室を建設し、温度維持の手法を研究した。昼間は太陽熱を吸収して温度が上がるが、夜は風呂の湯や火鉢・石油コンロ等で室内の温度を維持する工夫を重ねた。

夜間保温のための徹夜対応は過酷であったほか、電熱利用は費用がかさみ、採算が合わなかった。そこで駒次が考案したのが中島式ボイラーである。

ドラム缶を切って竈《かまど》をつくり、おがくずを詰めて着火。朝まで燃え続ける火で沸かした湯によって室内を暖める方法は、手間・費用ともに省ける妙策であった。

豊橋市北島町の薬師寺にある「中島駒次翁之碑」

こうして、栽培・出荷時期を制御する温室園芸が採算に乗るようになり、高収益農業として周辺農家に普及。この時期、穂国の温室園芸は日本一の地位を確立した。

当初、各農家は個人出荷であったが、1929年、北島を中心とした北島温室出荷組合を豊橋温室園芸組合に改編し、流通販売も組織化した。

温室内での栽培＝豊橋市内で

1942年に刊行された『愛知県特殊産業の由来』には、渥美郡牟呂吉田村北島が「我国温室園芸発祥之地」として名高い存在であったと記されている。

51 戦前は実現しなかった待望の豊橋築港

中世、穂国では豊橋（吉田）と蒲郡・三谷に湊が形成されていた。

吉田では飽海郷《あくみごう》から宝飯郡渡津の間に「志賀須賀の渡し」があった。現在の吉田大橋のルーツである。吉田湊は伊勢・尾張に向かう航路拠点であり、伊勢への海路は「海の参宮道」と称された。江戸時代には吉田城内に船着き場と専用櫓《やぐら》を構える珍しい湊であった。

豊橋は古くから豊川河口舟運の中心地だったが、明治大正時代も船町・関屋・下地の河岸港の域を出ず、本格的な築港計画は浮上しなかった。

しかし昭和初期、工業化を目指す豊橋にとって築港は喫緊の課題となり、域外から着任した丸茂藤平《まるもとうへい》市長の下でようやく動きが始まる。

丸茂市長は1934年（昭和9）、安芸杏一博士を中心とする豊橋港開発委員会を設置。博士は臨海部を視察し、豊橋港の地理的条件は中位クラス、経済基盤とヒンターランド（後背地）が貧弱と分析。三信鉄道や二俣線建設で経済基盤改善を期待しつつ、豊橋港は3000トン級貨物船が着岸できればよいと考え、神野新田前面に築港することを計画した。

1936年、豊橋・牟呂・前芝・大崎の諸港を統合した豊橋港が内務省指定港となり、築港に必要な土地も神野新田株式会社から入手したものの、太平洋戦争が勃発して未実現のまま終戦を迎えた。

港の代わりに、戦時中の1943年、明海地区に豊橋海軍航空隊基地が完成。国内唯一の海上飛行場であり、5本の滑走路が整備された。

丸茂藤平は長野県出身の内務官僚で、鹿児島・愛知・京都の警察部長、岐阜市長、岩手県知事、台湾総督府交通局総長等を経て、1930年に第9代豊橋市長に就任。

1932年、工業化のために臨海部を同一行政区に

旧豊橋海軍航空隊基地跡　総合開発機構提供

編入することを計画。渥美郡牟呂吉田村・高師村、宝飯郡下地町、八名郡下川村・石巻村を豊橋市に合併した。下水道整備、市立豊橋病院設立などに尽力した一方、1933年の人造羊毛会社誘致を巡る混乱（本書114ページ「52」）を機に、翌1934年に退任。その後も大連市長、天津特別市顧問等を歴任した。

丸茂市長に招聘された安芸杏一博士は1923年（大正12）の関東大震災で被災した横浜港復興に貢献した人物である。壊滅した横浜港再建は不可能といわれたが、博士の計画通りに復旧工事は1925年に完工。博士の名は全国に知られた。

蒲郡・三谷の湊は平安時代に藤原俊成が三河守になった際に開港したと伝わる。江戸時代には蒲郡湊は年貢米積出港として、三谷湊は参勤交代の航路拠点として繁栄した。

明治時代、蒲郡港は木材や石材の積出港、及び製糸業に必要な石炭積上港として栄え、三谷港は瀬戸内海や九州方面への航路も擁した。田原湊は、江戸時代には渥美湾内の良港として多くの船舶が往来。明治以降、更に発展を続け、昭和初期には、愛知県内における商港・漁港・避難港として重要な地位を確保していた。

52 人造羊毛工場誘致に漁民らが反対運動

1930年（昭和5）から1934年にかけて豊橋市長を務めたのは丸茂藤平（本書112ページ「51」）。隣接町村の合併、下水道整備、市立豊橋病院設立などの業績を残すが、最後は人造羊毛騒動に直面する。

明治末から大正時代にかけて人造絹糸（レーヨン等）が普及したために穂国の製糸業は低迷し、金融恐慌を機にさらに窮状に陥った。そのうえ陸軍第15師団が千葉県習志野に移転したため、軍関係産業も消失。拠り

丸茂藤平市長　豊橋市提供

所を失った政財界は豊橋発展の起爆剤として工場誘致による工業化を熱望。そういう局面で登場したのが丸茂市長だった。

三河製糸の内山栄次郎も事業転換を模索していた。そんな折、内山は東京政財界でロビー活動をしていた渥美出身の鈴木伊十から人造羊毛（アクリル等）会社の話を聞く。しかも人造羊毛会社の中心人物は蒲郡出身の杉浦文一である。

人造絹糸も人造羊毛も生糸・羊毛の天然繊維と苛性ソーダ等の化学薬品を混交する工業である。豊橋は人造羊毛会社の工場誘致合戦に参入。愛知県内では西尾や刈谷、県外では広島や大分も熱望していた。

市税免除のほか、工場用地は坪1円、それ以上の土地代、豊川浚渫費、鉄道引込線建設費は市負担という破格の条件を提示。市議会は誘致費予算化に加え、株式公募斡旋まで申し出た。

人毛工場建設促進市民大会　豊橋市提供

1933年8月11日、豊橋市と豊橋商工会議所が豊川下流の牟呂地区への誘致を決定したが、漁民等による誘致反対運動も勃発。工場排水が豊川から三河湾に流れ込み、六条潟のアサリや海苔養殖、浅海漁業に被害を与えることを懸念した。

反対派は11月15日に丸茂市長と団交。12月8日、豊川河口の漁民代表が東三水族擁護同盟会を設立。漁民は数千人規模の反対集会、演説会、デモを繰り広げた。しかし12月11日、工場敷地は牟呂吉田村（約10万㎡）に決定し、契約が成立した。

1934年1月15日、同盟会は専願寺に集結して誘致反対決議を可決。さらに豊川稲荷や石巻神社に反対祈願名目で集結し、市役所へのデモ、商工会議所議員や市議会議員の自宅包囲、投石、暴行に及んだ。

誘致反対運動の背後では無産運動の闘士がノウハウを指導していたとも伝わり、活動は巧妙かつ効果的だった。

一方、丸茂市長を擁する政財界推進派も1月31日に市の総代会幹事会を開いて誘致賛成を決議。2月21日、市議会、商工会議所、総代会が大豊橋建設期成同盟を設立。

推進派は工場用地整備のために土地整理組合をつくる一方、反対派は土地を購入して組合に加盟。後の一坪地主運動のような抵抗を行った。牟呂では賛成派、反対派が対立し、賛成派は村八分にされたという。

1年を経ても事態は収束せず、人造羊毛会社は混乱を嫌気して豊橋進出を断念。県仲裁及び人造羊毛会社の方針変更によって、12月8日豊橋市との契約は破棄された。

豊橋は工業化の機会を逸したが、戦後公害史を鑑みると、海を守ったとも言える。

53 豊橋初の百貨店 京都の丸物が進出

世界の百貨店の始まりは1852年に織物商から発展したパリのボン・マルシェ百貨店といわれている。

日本では1904年（明治37）、三井呉服店から発展した株式会社三越呉服店が顧客や取引先に三井三越の連名であいさつ状を発送し、「今後一層其の種類を増加し（中略）米国に行わるるデパートメントストアの一部を実現致すべく」と記した。これは後に「デパートメントストア宣言」と呼ばれ、こうして創業した三越百貨店が日本最初の百貨店とされる。

丸物《まるぶつ》は全国店舗展開していた百貨店のひとつである。本店は京都で後の近鉄百貨店につながっている。

中林呉服店の一員として京都駅前の「名産館」に出品していた中林仁一郎《にいちろう》が1920年（大正9）、烏丸口の東本願寺保有地へ進出し、土産物店「京都物産館」を設立したのが始まりである。

1926年、旧館北隣に百貨店形態の新館を建設。1929年（昭和4）には「京都物産館」を日本百貨店協会の前身組織に加盟させた。

1930年には岐阜に支店を開いて多店化に乗り出し、1931年にはそのマーク（○の中に物産館の「物」）から「丸物」に商号変更するとともに、各地の土産物屋等の「物産館」を買収。

当時豊橋では広小路新明町寄りで大原富次郎が営んでいた豊橋物産館が行き詰まったため、株式会社組織に切り替える際に丸物が大株主となり、経営を引き継いで直営「豊橋丸物」を開業した。穂国初の百貨店である。

中林仁一郎は1939年には名古屋で「三星《みつぼし》」を開店するなど、直営支店と系列百貨店設立によって東海地方で積極的に店舗展開した。その後「三星」は老舗百貨店「十一屋」と経営統合し、「丸栄」となる。

豊橋丸物開業当時、昭和恐慌のあおりで豊橋花園町、

丸物百貨店の外観

横町、魚町等の中心商店街も不況に悩まされていた。そこに豊橋丸物が開業したほか、さらに名古屋の有名呉服店や百貨店の出張販売も重なり、中心商店街の苦境は極まっていた。

小売商は商工会議所を動かし、市内36の小売商組合が商工省と日本百貨店協会に丸物進出反対を陳情。丸物進出反対の中心人物に担ぎ出されたのは、田中屋呉服店の田中平六。豊川市為当の竹本家の出身である。

丸物役員と商工会役員を商工会議所会頭神野三郎が仲裁して覚書を交わした。増改築、拡張は行わない、取扱い商品は増やさない等々、丸物側に厳しい内容だった。しかし、消費者は丸物を歓迎し、丸物の業績は好調に推移。その後、丸物は豊橋を代表する百貨店となった。

後日談であるが、丸栄が豊橋丸栄を出店後、店舗拡張に関して京都の丸物本社と意見が対立。豊橋丸物は西武百貨店と提携して豊橋西武となって丸物グループから離脱した。

豊橋丸物の跡地は、現在は地元ガス会社サーラグループの複合施設「ココラフロント」になっている。

54　市民は否応なく戦時体制に組み込まれた

1927年（昭和2）の金融恐慌と1930年からの昭和恐慌による経済低迷に嫌気した国民の既存政党（民政党や政友会）離れから、天皇を中心に国の体制を強化しようとする国家改造運動が台頭する。

こうした世相は大陸進出計画とも相まって、1931年、満州事変勃発を機にファシズム的新党結成の動きにつながる。

1932年の5・15事件を機に、豊橋出身の衆議院議員鈴木正吾、杉浦武雄は、それぞれ国家改造運動の流れを汲む豊橋正吾会、豊橋公民会を結成。同年12月、中央でも新党国民同盟が結成され、豊橋から公民会や参陽新報社が参加。1934年、公民会と参陽新報社は、東京に本部を置く右翼団体の三河支部を結成した。

労働運動も影響を受ける。1935年、豊橋愛国社同盟が結成され、渥美電鉄従業員組合や豊橋自動車運転手組合なども国粋的労働組織に変貌していく。翌1936年2月、愛国社同盟は発展的に解散し、諸組合は東三愛国従業員連盟に統合された。

その月、2・26事件が勃発。その中には豊橋陸軍教導学校の将校2人も含まれていた。穂国も歴史の渦中にあった。

1937年7月、日中戦争勃発。ファシズム的機運が高まり、孤立を恐れた民生党や政友会等の既成政党は、1940年6月に解党。大勢に身を委ねた。

同年10月、総理大臣が総裁、知事が支部長となる大政翼賛会が発足。労働組合も翼賛会傘下の大日本産業報国会となった。

同月、豊橋では市政二大勢力の同志派と実業派が解散。11月、市長を筆頭に、商工会議所会頭、総代会会長、市会議長、市政記者団が発起人となる翼賛運動豊橋即応会が発会。翌1941年4月、翼賛会豊橋支部が結成され、市役所振興課が支部事務局となった。

同年12月8日、太平洋戦争に突入する。翼賛会は国民統制機関となり、産業報国会・大日本婦人会・部落会・町内会・隣組を指導下に収めた。

やがて在郷軍人（予備役、退役軍人）を含む翼賛壮年団が立ち上がり、市民生活監督、物資横流し監視、防空活動、軍用機献納等の多方面で影響力を発揮した。

市長を会長とし、全市23校区の町内会長代表や各種団体代表から構成される市常会ができ、中央や県からの指令を町内会に伝達した。市常会は、事実上市会の代替となった。

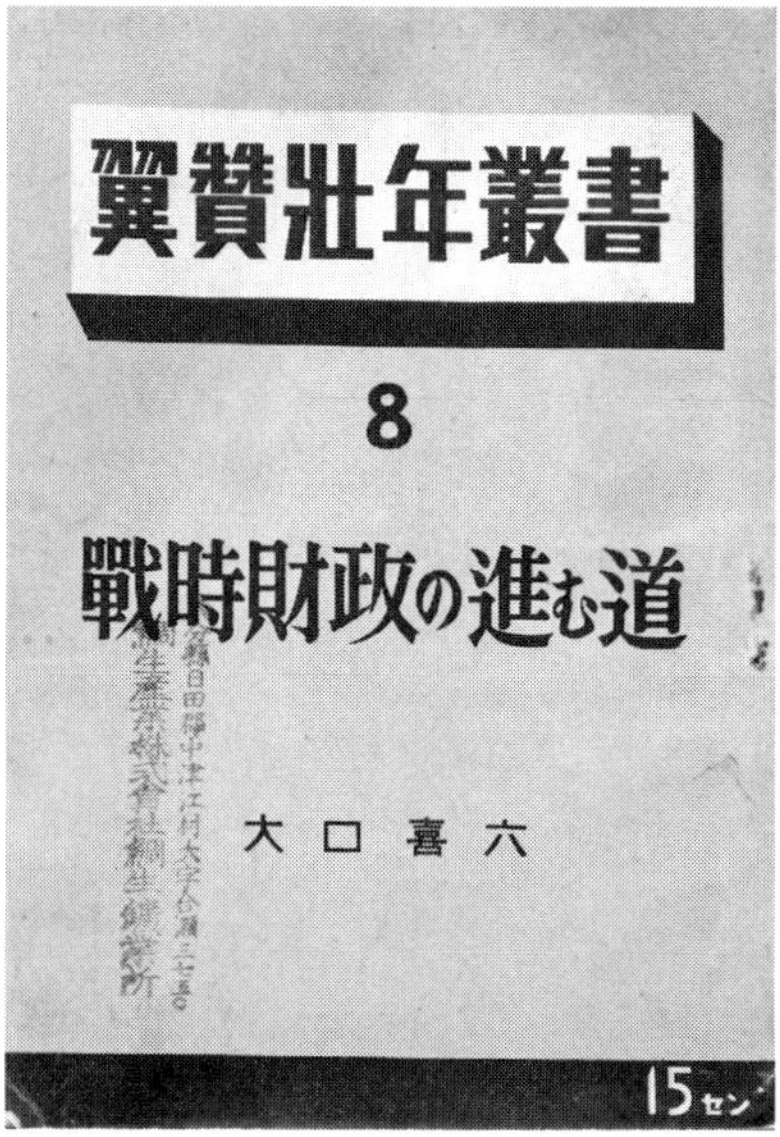

大日本翼賛壮年団発行の叢書（豊橋市中央図書館蔵）。著者は豊橋市初代市長の大口喜六。当時は衆院議員

開戦に先立つ同年6月、全市に１７５の町内会が設置され、35年間続いた総代会は解散。町内会は、市常会と会長の指示の下、物資配給、公債割当、出征兵士見送り、金属供出、町民移動証明、防空活動など、市民生活の全てを総括した。

町内会の末端組織は10戸から15戸を標準に編成された隣組である。組長は町内会からの連絡を回覧板で組員に伝え、市民は否応なく戦時体制に組み込まれた。

町内会表札　豊橋市美術博物館蔵

敗戦濃厚の１９４５年6月、男女を問わず国民を戦場へ駆りたてる義勇兵役法が公布され、大政翼賛会は解散した。

55　軍都からの出征　734人の戦死者を出して終戦

第一次世界大戦後の軍縮の影響を受け、1925年(大正14)、豊橋の第15師団は廃止。除隊兵士が3000人以上に及び、軍都豊橋の土産物屋や料理屋、宿屋は閉店が相次ぎ、空家も増え、家賃も3~4割下がったと伝わる。

もっとも、歩兵第18連隊と騎兵第4旅団が存続。また、廃止された工兵第15大隊の代わりに名古屋から工兵第3大隊が向山に移転。軍縮のあおりで経済低迷が懸念された軍都豊橋は何とか命脈を保った。

1927年(昭和2)、歩兵第60連隊と野砲兵第21連隊の宿営跡地に下士官候補養成機関の豊橋陸軍教導学校が設けられた。現在の愛知大学と時習館高校の辺りである。

日中戦争、太平洋戦争の激化に伴い、将校補充が必要となり、教導学校の場所に豊橋陸軍第1予備士官学校が開設された。教導学校は西口町に移転したが、1940年にここも下士官教育を打ち切り、豊橋陸軍第2予備士官学校と改称。豊橋の第1・第2予備士官学校から出征した予備役将校は3万人を超える。

1937年7月、北京郊外で蘆溝橋事件が勃発。日中戦争が始まり、翌8月、歩兵第18連隊と工兵第3連隊に出動命令が出た。両連隊とも市民の歓呼の声を背に出征した。

歩兵第18連隊の上海攻防戦は3カ月に及び、豊橋から補充兵が次々に送り込まれた。転戦5年、同連隊は戦死者2600人を出した。やがて華中から南満州海城に向かい、対ソ戦略師団の中核として訓練に入った。

この間、豊橋の歩兵第18連隊兵舎から同連隊の補充要員や新たに編成された歩兵連隊が出征し続けた。1941年以降、中部第62部隊と改称され、新設部隊の訓練と編成に腐心。部隊の補充・新設が重なるにつれ、徴兵要員が三河や遠州から豊橋の営門を続々とくぐることになった。

戦局が一段と厳しくなった１９４３年、中部第62部隊に替わって新たに中部第１００部隊が新設された。この部隊は本土防衛の必要から飛行場建設技術を習得する任務も担っていたため、大型機械・重機を装備し、隊員も最盛期には約５０００人に達した。

しかし、第１００部隊の技術も、制空権を失い、航空機保有数も減った戦争末期、本土防衛に寄与することはできなかった。

第18連隊と同時に出征した工兵第3連隊は、任務の性格上、複数の部隊に配属されて各地を転戦。補給路開設等が主な任務だが、架橋等の十分な準備ができない戦地では、歩兵が渡河する際のまさしく「人柱」となって橋桁の代わりを務めた。

第15師団廃止後も豊橋に在営していた騎兵第4旅団は、１９３７年に満州北東部に移駐。日中戦争が始まると、同旅団下の騎兵第25、第26連隊が中国各地を転戦した。

終戦間近の１９４５年、中国洛陽付近の老河口で世界戦史最後の騎兵戦を戦ったと伝わる。満州出動以来の13年間に、両連隊合わせて７３４人の戦死者を出して終戦を迎える。

歩兵第十八聯隊歩兵第十八聯隊營庭に於ける高齢者
豊橋市 編『豊橋市写真帖：行幸記念』

騎兵第四旅團司令部　豊橋市編『豊橋市写真帖：行幸記念』

56 戦時下の東三河 近づく悲劇の足音

日中戦争が激化する1938年（昭和13）4月、国家総動員法施行。物資は配給制になり、国民の食料事情は悪化した。

1940年、米穀管理規則によって大都市に米麦配給制が敷かれ、1941年には豊橋、岡崎、浜松等の地方主要都市も対象となった。

太平洋戦争開戦後の1942年、食糧管理法施行。雑穀・芋類・麺類等の主要食料の大部分が国家管理下に置かれ、衣料にも総合切符制が導入された。

戦費調達のため、1941年以降、道府県、市町村に国債購入額が割り当てられた。1942年では、全国230億円、愛知県16億円、豊橋市4835万円。国民1人当たり350円弱、勤め人の平均初任給40～50円の7～9カ月分である。

割当額は年々増え、豊橋の割当は1943年4910万円、1944年7900万円、1945年1億2000万円であった。

1943年には豊橋翼賛壮年団が軍用機献納運動も行い、町内会、職場、学校を通して戦闘機10機分86万円余が集められた。

金属類供出も課された。1941年に金属回収令が出て、1942年以降、折々に一斉回収を実施。鍋・釜・ヤカン・門柱・門扉・火鉢等の家庭金属類のみならず、橋の欄干・寺の釣鐘・郵便ポスト・下水の蓋に至るまで、回収された。1944年、豊橋市民の信仰を集めていた岩屋観音像も供出された。

子供、女性を労働力として活用する動きも始まった。1938年から集団勤労作業として夏休み中の勤労が課された。

1941年4月、戦時体制に即応する教育改革という名目で国民学校が発足。1943年1月、中等学校令が公布され、中学生は国防組織の一端に組み込まれた。同年4月、戦時学徒特別錬成と称して県下6カ所で中学生錬成講習会開催。穂国は豊橋中学校が会場となり、同校ほか豊橋第2中学校、豊橋商業学校等7校の生徒が銃剣や木銃を持って参加した。

1943年以降、南方戦線への兵力増強は労働力不足をもたらした。同年7月、国家総動員法に基づく国民徴用令が強化され、対象を12歳から60歳までの男子に拡大。同年9月、未婚女性を勤労挺身隊として軍需工場へ動員。

戦時下で供出された岩屋観音像
豊橋市図書館蔵
現在立っている蔵は1950年に再建されたもの

1944年1月、豊橋でも15歳以上25歳未満の女子勤労挺身隊が結成され、豊橋高女をはじめ市内女学校では進学者を除く卒業生ほぼ全員が参加。同年8月には女子挺身隊勤労令が出され、20歳から40歳までの未婚女性は強制的に動員された。

1944年3月、愛知県学徒動員実施要綱によって中学3年生以上の生徒学生は授業を中止し、年間を通して兵器生産等の勤労作業に動員された。名古屋や半田の工場が割り当てられ、家庭を離れて働く生徒もいた。同年9月、中学1、2年生や国民学校高等科児童も駆り出され、その多くが通勤の便を考慮して豊川海軍工廠に配置された。そして1945年8月7日の空襲の悲劇に遭遇する（本書132ページ「61」）。

半田市の赤レンガ建物は戦時中、中島飛行機半田製作所の衣糧倉庫だった。東三河からも生徒が動員された

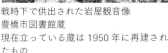

57 軍需産業の勃興で熟練工不足に直面

戦時下で多くの事業が転廃業を強いられた。味噌醤油製造、繊維呉服業、食品業等は統合され、麻真田工業は原料マニラ麻が輸入できずに行き詰まった。

製糸業も1940年（昭和15）の国産蚕糸配給制に続き、1941年の蚕糸業統制法によって釜数が整理統合された。開戦直前の東三河製糸業は110工場、6542釜だったが、開戦半年後の1942年5月には35工場、3665釜に減少していた。

桑畑も芋畑に変わり、全国製糸業は日本蚕糸製造一社に集約され、廃業製糸工場は軍需工場や動員労働者の寄宿舎に転じ、蚕都豊橋の面影は消えていった。

逆に戦時下の穂国で成長したのは金属機械業である。江戸時代、吉田は吉田鎌（薄手の農業用鎌）の製造で知られていたが、明治維新後の穂国の金属機械業は脆弱《ぜいじゃく》であった。

日中戦争勃発後に軍需産業への助成策がとられ、穂国にも帝国盤岩機、東京試験機製作所、豊田鉄工所等が進出。1944年の穂国金属機械業は221工場、従事者約1万人に及び、全生産額の57％、シェア1位の産業に成長していた。

金属機械業をリードしたのは富田実平と坂神馨である。富田精機は1938年設立。その時期、坂神鉄工所は既に工場3万坪、従業員600人を擁していた。戦争が始まると両社は合併し、豊橋精機となった。

1919年（大正8）創業の永田鉄工も特筆に値する。1939年には他社も合併して、永田鉄工所、第一重工業、第三重工業の3社に発展した。

また、豊川海軍工廠《こうしょう》開設を機に他産業からの軍需産業への転換が進み、長年製糸業で培われた工場労働者や近郷農村の労働者が従事した。

代表例は林品次《しなじ》が1940年に設立した太陽航空工業である。赤羽根出身の林は第一タクシーを経営していたが、遠縁の航空技師服部兼三郎に部品製造の話をもちかけられ、坂神馨に相談して同社を設立した。海軍直轄管理工場として翼や機体などを製造し、日工産業、豊橋航空、中部航空、渥美航空、東洋航空、蒲郡航空等の下請けを擁して総従業員は3000人超となった。

しかし穂国では金属機械の熟練工が不足していた。製糸業は未成年未熟練の女工に支えられたが、金属機械や航空産業には訓練と経験を積んだ職工が必要であった。

坂神は私設学校を設けて職工養成に当たったほか、豊橋商工会議所も金属職工技能研修会を開催。1943年に市立商業学校を公立工業学校に切り替えたが、設備も教師も足りず、生徒は学徒動員で工場に投入され、学校は軌道に乗らなかった。

技術者や熟練工の不足を主因に工業都市として立ち遅れていたことは、戦後穂国の工業復興の障害にもなった。名古屋や西三河の航空機産業は自動車産業発展の基礎となったが、穂国の航空機産業は技術的な基礎に欠けていた。

1943年、豊橋商工会議所は法律に基づいて商工経済会に衣替えした。経済統制を担う愛知県商工経済会の支部が豊橋にも設立され、神野太郎が支部長に就任。豊橋商工会議所は約半世紀の幕を閉じた。

レンズを検査する女工　豊川市桜ケ丘ミュージアム提供

58 東南海・三河地震 報道管制下の被害

戦時下の穂国は地震にも見舞われた。そもそも穂国は古来地震の多い地域である。

1686年（貞享3）の遠江三河地震は1707年（宝永4）の宝永地震の前震といわれ、東海から南海域が震源。歴史上最大級の地震であり、その49日後には富士山の宝永大噴火が起きた。

安政大地震は安政年間（1854〜60年）に連続して発生した地震である。1854年（安政元）11月4日東海地震、翌5日南海地震が起き、伊豆から四国までの広範な地域で数千人の死者が出た。翌1855年には江戸地震。この三つ以外にも多数発生している。

安政大地震の後、1861年（文久元）には遠江三河地震の震源域で西尾地震が発生した。

同様の震源域中心に、終戦前後にかけて4年連続で多くの死者を出した4大地震が発生。1943年（昭和18）9月10日の鳥取地震、1944年12月7日の東南海地震、それから約1カ月後の1945年1月13日の三河地震、さらに終戦後の1946年12月21日の南海地震である。

東南海地震は紀伊半島東部の熊野灘、尾鷲の沖約20㎞が震源。穂国を含む遠州灘沿岸から紀伊半島に至る一帯に被害が集中し、死者行方不明者は1223人と伝わる。安政東海地震から90年を経た発生だった。

三河地震は三河湾で発生した直下型地震である。震源近くの西尾は震度7程度であったと言われる。1カ月前の東南海地震の最大余震説と同地震の影響を受けた誘発地震説がある。

前震は1月7日頃から始まり、豊橋、形原、西浦では有感地震が頻発していた。直下型大規模地震であったが、被害記録はあまり残っていない。

太平洋戦争末期であり、当局は国民の戦意低下や軍需工場の被害情報が米国に流出することを懸念し、徹底した報道管制を敷いた。地震発生の報道はあったものの、被害規模等の情報は伏せられた。

被害報道がなかったこともあり、周辺地域からの救護救援もなく、行政による組織的対策の記録も残っていない。地震発生から2カ月後、県が手配した工作隊が組織され、ようやく復旧活動が始まったと伝わる。

戦後、被害を報告した帝国議会秘密会の速記録集が発見された。それらの調査や研究で、三河地域では東南海地震よりも多くの死者が発生していたと判明。死者行方不明3432人、家屋全壊7221戸、半壊1万6555戸。穂国西部の幡豆郡と碧海郡に死者が集中していた。

西尾では堤防が4m沈下して79ヘクタールの水田が海水に没したほか、矢作古川周辺では液状化現象が起き、三河湾では小規模な津波も発生した。

37日前に発生した東南海地震により構造上重要な梁《はり》や臍《ほぞ》が外れた半壊状態の家屋が多かったことから、三河地震によって多くが全壊に至ったと考えられる。1日に40～50回の余震が発生したうえ、三州瓦の産地に近く、重量の重い瓦ぶきの家屋が多かったことが家屋倒壊を助長したと推測される。

前震や余震の前後に三ケ根山周辺（地震断層直上）で夜空の発光などの宏観異常現象が確認されている。当時は灯火管制が敷かれており、人工の明かりである可能性は低いとされる。

三河地震被災直後の宗徳寺。左上矢印の建物（番神堂）側が隆起した　蒲郡市提供

地震前の宗徳寺。左端の矢印が番神堂　蒲郡市提供

59 サイパン・グアム戦における郷土部隊の悲劇

1942年（昭和17）6月、ミッドウエー海戦敗北で戦局は暗転。守勢となった日本は1943年9月、千島・小笠原・中西部太平洋・東南アジアを結ぶ線を絶対国防圏と定め、その中核がサイパン・グアムの位置するマリアナ諸島であった。

1944年2月、穂国から出征した歩兵第18連隊は中国転戦中だったが、中部太平洋方面派遣を下命された。連隊将兵は詳細を知らされないまま、2月25日、釜山から宇品（広島）に入港。船上で南方用兵服が支給され、将兵は派遣先を察した。26日、将兵を乗せた輸送船3隻が駆逐艦に護衛されて出港。

3日後の29日、第18連隊将兵が乗る崎戸丸は南大東島南方海域で米潜水艦の魚雷攻撃を受けて沈没した。乗船者約4000人のうち2270人が死亡。乗船者の過半を占めた第18連隊は連隊長以下1646人を失った。

兵力半減状態でサイパンに上陸した第18連隊は兵力を補充する。5月27日、第18連隊主力はグアム転進命令を受けて移動を開始するが移動中の6月15日、米軍がサイパン上陸。サイパンに残っていた第18連隊第1大隊は米軍の猛火を浴びてほぼ全滅した。

サイパン戦終了後、第18連隊主力が転進したグアムに対して米軍は猛烈な砲爆撃を加え、7月21日に上陸開始。第18連隊第2大隊と第3大隊は一昼夜の戦いで兵力の半分以上を失った。

兵力が300人まで減った第18連隊は、25日、連隊旗を焼却後、米軍陣地に夜襲をかけて兵力はさらに損耗する。30日夜、残る60人が最後の突撃を敢行し、第18連隊は玉砕した。

第18連隊が苦境に陥る中、豊橋兵営では郷土出身者による歩兵第118連隊が編成され、サイパンに援軍として派遣されることになった。1944年5月30日、

豊橋公園にある「歩兵第十八連隊の址」

「此処に歩兵第百十八連隊ありき」の碑

護衛艦3隻を含む10隻の船団でサイパンに向かったものの、米潜水艦の攻撃で6月5日に第118連隊主力が乗る高岡丸、翌日にはもう1隻が撃沈された。両船以外にも3隻を失い、結局、輸送船7隻のうちサイパンに到着したのは2隻のみ。第118連隊は連隊長以下の主力を失い、生存者は約1000人だった。

サイパン上陸後は米軍の猛攻で急速に兵力を損耗する。第118連隊は7月4日に連隊旗を焼却し、発足1年余で幕を閉じた。7日、第118連隊を含む師団残存将兵が最後の突撃を行い、玉砕した。

第18連隊、第118連隊を含む将兵の奮戦むなしく、日本軍は絶対国防圏を突破された。米軍は中西部太平洋諸島に巨大な空軍基地を建設し、その後の本土爆撃の出撃拠点とした。豊橋、豊川の空襲もサイパンをはじめとするマリアナ諸島の米空軍基地から出撃した爆撃機によって行われた。

この間、穂国では豊橋海軍航空隊が編成され、大崎と老津にまたがる海上に八角形の航空基地が造成された（本書112ページ「51」）。短期間の訓練を経て出征していった若者は3600人に及ぶ。その中から多くの特攻隊員が沖縄戦などで散っていった。

60　6月20日豊橋空襲で市街地9割が焦土に

1884年（明治17）に歩兵第18連隊、1908年に第15師団が置かれ、「軍都」豊橋が誕生した。以後、騎兵隊、工兵隊、憲兵隊等も置かれた。

第一次世界大戦後、世界的軍縮の流れの中で1925年（大正14）に第15師団が廃止されたもの、その後も歩兵18連隊、歩兵118連隊、教導学校、予備士官学校等の拠点として「軍都」豊橋は継続した。

1939年（昭和14）に東洋一の兵器工場である豊川海軍工廠、1943年に大崎島海軍飛行場、1944年に大清水陸軍飛行場等も置かれ、穂国全体が重要な軍事拠点と言えた。

豊川海軍工廠の影響で穂国の工業化が進み、大日本兵器、住友金属、東洋通信機、大和工業、豊橋精機等の企業も進出。豊橋は豊川海軍工廠への労働力の供給拠点でもあった。

軍事拠点は米軍による本土空襲の標的である。1945年に入ると、散発的に米軍機が飛来。豊橋市街地は同年1月から6月までに9回の空襲を受け、犠牲者が出始めた。戦後に公開された米軍公文書「戦術作戦任務報告書」には「豊川海軍工廠は脅威」と記されていた。豊橋空襲の目的は、東洋一の兵器工場である豊川海軍工廠への労働力供給拠点に被害を与え、労働力を棄損させることにあった。

6月19日、マリアナ諸島サイパンの空軍基地からB29爆撃機約140機が飛び立ち、同日深夜から20日未明にかけて空襲が実行された。それまでの空襲や偵察で攻撃対象を上空から写真撮影し、攻撃ポイントを定め、当日の気象状況も把握したうえでの万全を期した空襲だった。

米軍の上述報告書には、最初の焼夷弾投下は19日午後11時43分、投下数1万4889発、作戦終了20日午前3時17分と記されている。

空襲で焼け野原となった豊橋市札木町周辺　豊橋市提供

豊橋空襲を語り継ぐ「平和を誓うつどい」の灯籠流し＝2023年6月

日本側の記録では、死者624人、重軽傷者346人、被災世帯1万6009、被災者6万8502人、全焼全壊1万5886戸、半焼半壊109戸。火災は5時間続き、一夜にして市街地の約9割が焦土と化した。また、空襲後に衛生環境の悪化から赤痢が発生し、二次災害として秋までに385人が死亡した。

空襲に備えて防空壕がつくられていたが、しっかり地面を掘り下げてつくったものは少なかった。多くが焼夷弾の熱や爆風で焼け崩れ、防空壕の中で蒸し焼き状態になった犠牲者も少なくなかった。

戦後70年を経て、豊橋駅での逸話も明らかになった。米軍による焼夷弾投下開始直後の20日午前0時2分、大阪発東京行きの夜行列車が豊橋駅に到着。列車は3分間停車し、機関車の釜にたまった灰を捨ててから出発する予定だった。また、旅客列車には定刻出発順守の厳しい規則もあった。

しかし、空襲を察知した駅職員と機関士が規則にこだわらずに機転を利かせ、停車後ただちに列車を発車させ、約1000人の乗客が被災を免れたという。

市街地から離れていた吉田城址《じょうし》の旧歩兵第18連隊兵営や現在の愛知大学敷地内にあった陸軍予備士官学校等は戦災を免れた。

この夜は豊橋とともに、浜松、福岡も空襲され、米軍の上述報告書には3都市空襲の戦果が書かれている。

61 終戦直前の悲劇 豊川海軍工廠の空襲

1939年（昭和14）12月、敷地面積150万㎡の豊川海軍工廠《こうしょう》が開廠した。当初は機銃部と火工部の2部門。航空機や艦船が装備する機銃とその弾丸の主力生産工場であった。

1941年光学部、1943年指揮兵器部、1944年器材部等が新設され、徐々に規模が拡大。東洋一の巨大兵器工場となった。

労働力も必要である。海軍の技術兵と工員のほか、徴用工、女子挺身隊、動員学徒等が全国から集まった。1944年には高等女学校、中学校高学年が動員され、次いで中学校低学年と国民学校高等科児童も駆り出され、最盛期には約5万6000人が勤務した。

周辺には住宅や寄宿舎ができ、人口が急増。1943年、人口増と周辺町村間の関係が強まったことから、豊川町、牛久保町、国府町、八幡村が合併して豊川市が誕生した。

工廠は当然米軍の爆撃対象となる。米軍側の記録によれば、1944年11月23日午後0時30分頃、米軍偵察機が工廠一帯の写真撮影を行った。

工廠への労働力供給拠点であった豊橋は、1945年6月19日深夜から翌20日未明にかけて大空襲に遭った。同年初め頃から、工廠も空襲に備えて周辺地域や長野県、静岡県に分散疎開を進めていた。

1945年2月15日以降、名古屋方面を空襲した帰途の敵機が残り弾を工廠周辺に落とすようになり、豊川でも被害が出始めた。3月26日の硫黄島陥落後、工廠及び周辺市街地に戦闘機も飛来し、機銃掃射攻撃するようになった。

5月19日、指揮兵器部第一機械工場付近が爆撃され、約40人が犠牲となった。7月にはP51戦闘機がたびたび来襲。機銃部銃架工場等が被弾し、死傷者が出るとともに、工廠上空から降伏勧告ビラが撒かれ、工廠関係者も地域住民も空襲を懸念していた。

8月6日、広島に原爆投下。翌7日未明、グアム島、テニアン島、サイパン島から、B29爆撃機約130機が離陸。午前6時40分、護衛のP51戦闘機48機も硫黄島から離陸。

午前8時53分、三重県志摩半島沖を通過する編隊をレーダーが補足。同10時6分、編隊が知多半島上空を通過し、豊川海軍工廠へ向かうことが判明。空襲警報が発令された。

同13分、最初に襲来したB29編隊12機が爆撃開始。P51の機銃掃射も始まった。B29約10機編隊で断続的、波状的に行われた爆撃は正確であり、過半の爆弾が工廠内に着弾した。

同39分、空襲終了。わずか26分間にM64（500ポンド）爆弾813トン、3500発が投下され、動員学徒447人を含む工廠関係者2800人以上が死亡。工廠正門及び西門周辺の民家も被爆し、在宅中の児童21人、入学前の幼児22人を含む市民113人が犠牲となった。

迎撃する日本軍戦闘機は皆無であり、工廠周辺2カ所の高角高射砲台、宝飯郡大恩寺山（御津山）、豊橋市石巻本町、権現山の砲台から機関砲、機関銃で応戦したものの、B29わずか1機が被弾したのみであった。

終戦まであと1週間の悲劇だった。

空襲で壊滅的な被害を受けた豊川海軍工廠　豊川市提供

62 旧軍資産を活用して敗戦からの再出発

戦局は最終段階を迎え、軍と政府は「一億玉砕」「本土決戦」の準備を進めた。

穂国には第73師団、通称「怒部隊《いかり》」が配置され、司令部を国府に置いた。１９４５年（昭和20）６月から新城の第54軍指揮下に入り、三ヶ日駐留の戦車旅団とともに穂国や遠州に上陸する米軍迎撃を任務とした。しかし装備は貧弱で、師団兵士は住民の協力の下、陣地や防空壕造作に腐心する毎日だった。

同月、義勇兵役法施行により豊橋でも国民義勇隊結成。武器は竹槍である。向山台地の崖に義勇隊司令所の地下室をつくる計画だった。義勇隊長は市長であり、結成式は6月20日開催予定。しかし、その日に豊橋は空襲に遭い、結成式開催は不可能となった。

8月6日広島原爆投下、7日豊川海軍工廠空襲、8日ソ連参戦、9日長崎原爆投下。日本は8月15日に無条件降伏した。

「軍需産業都市」豊川は、豊川海軍工廠の壊滅と終戦による兵器製造中止によって市の存立基盤を喪失。しかし、残された工廠跡と関連施設等が戦後復興に寄与することになる。

工廠の建物は市役所、病院、学校、住宅等に利用され、水道施設は市の水道事業に貸与された。敷地は鉄道工場、研究所、警察予備隊駐屯施設等として活用されていく。

「軍都」豊橋の工場操業率は空襲前のわずか数パーセント程度まで低下。海外引揚者や復員軍人による人口増加は深刻な食糧不足をもたらした。

物資不足は駅前通り等に闇市を自然発生させた。闇価格を戦争中の統制価格と比べると、砂糖５００倍、米１２０倍等の悪性インフレ状態である。闇市の露天商はやがて「豊橋露天商組合」を組織。場所も駅前通りから神明町に移り、「青空市場」「明朗市場」と呼ばれた。

食料不足とは言え、穂国は農業地帯である。穂国農家には大勢の買出客が周辺地域のみならず、名古屋や遠く関西から訪れた。

豊橋駅午後2時56分発大阪行、午後4時34分発京都行の列車は、さつまいもや穀類、野菜をリュックに詰めた乗客でごった返し、「地獄列車」と呼ばれた。

戦後の闇市　「昭和館」の資料から

入植当時の大清水地区　豊橋市提供

渥美半島にも空き缶を抱えて魚を買い求める「カンカラ部隊」が殺到した。

広大な旧軍用地であった高師原《たかしはら》・天伯原《てんぱくはら》演習地では食料確保と雇用創出を企図して開拓事業が始まった。

開墾、抜根作業に威力を発揮したのが旧軍の小型戦車や野砲牽引車であった。砕土機を取り付けて急造ブルドーザーとして大いに活躍した。

土壌改良のため、入植者たちは野草・海藻・馬糞・下肥・石灰等を大量投入する必要があった。豊橋、豊川市街地まで荷車を引いて行き、人糞や路上の馬糞まで集めて開拓に腐心した。終戦初年度の入植者のうち約半数、488戸が離農。入植直後の開拓の困難さを物語る。

6月20日の空襲で市街地の約9割が焼けた豊橋の住居事情は劣悪であり、入植者や市民は軍用廠舎や寺社の寺務所・社務所、農家の納屋等で共同生活した。

「軍需産業都市」豊川「軍都」豊橋とも、旧軍資産を活用して戦後の再出発が始まった。

63 市街地の戦後復興 そして東三河総合開発へ

戦後復興が始まった。敗戦から5カ月後の1945年（昭和20）12月、豊橋駅前を中心とした環状道路と放射道路の建設開始。1948年、旧陸軍歩兵第18連隊兵舎と練兵場の跡地は豊橋公園となり、豊橋球場、児童遊園地、陸上競技場、庭球コート等が造られ、総合運動公園として整備されていった。1949年には、大橋通り、札木通り、呉服町通り等の市内主要道路に街路樹が植えられた。

戦後5年間はかなり大規模な構想で復興が進んでいたが、50年になると財政状況を踏まえた計画に見直され、復興事業は駅前から広小路にかけての市街地中央部に重点が置かれることとなった。

同年の第5回国民体育大会開催を契機に、各町発展会合同で「豊橋発展連盟」が組織され、街路の舗装、植樹街灯設置等のために月掛けで資金を集め、市の助成の不足分を埋めていた。郷土愛が感じられる逸話である。

1953年、豊橋市は建設省から全国優良復興都市として表彰された。公園や道路の整備にとどまらず、商業・工業・住宅地域を分け、戦前とは異なる近代都市造りが進んでいた点が評価された。先人たちの努力に敬服する。

1954年には吉田城址《じょうし》を会場に豊橋産業文化大博覧会が開催され、吉田城の隅櫓《すみやぐら》が再建された。また、穂国の産物を紹介する蚕糸館、繊維館、製材木工機械館、さらに工業化促進を企図した物産館等が立ち並び、50日間の会期中に116万人が来場。同時期、横浜等の主要都市で開催された同趣旨の博覧会の中で有数の来場者数であった。博覧会を機に駅前大通り、神明町、大手通り、中世古町等では記念植樹が行われ、街の景観は一変した。

復興の両輪は市街地復興と産業振興である。しかし、

豊橋産業文化大博覧会　豊橋市提供

企業や工場の誘致、農業を含めた産業振興は容易ではなかった。

１９５０年、国は国土総合開発法を制定した。同法の施策に含まれる特定地域総合開発計画は、産業振興を企図する各地の垂涎の的となった。

愛知県は総合開発審議会を設置し、１９５１年に豊川農業水利事業を柱に特定地域の指定を受けようと「東三河総合開発事業計画書」を建設省に提出した。同時期、穂国に隣接する静岡県天竜川周辺域、その上流の長野県上諏訪地域の開発計画をまとめ、建設省に提出した。

建設省は愛知・静岡・長野三地域の産業振興の関連性を鑑み、「天竜東三河特定地域」という案をまとめた。同年暮、政府は19の特定地域を指定し、天竜東三河特定地域はその一つに含まれていた。翌年、三県は合同で天竜東三河地域地方総合開発審議会を発足させた。

総合開発計画の重点事業として、佐久間発電所建設、豊川放水路開削、豊川農業水利事業などが盛り込まれ、佐久間ダムは１９５６年、豊川放水路は１９６５年、豊川用水路は１９６８年にそれぞれ完成した。

東三河の農業は水の確保により農業先進地域へと大きく変容していくことになる。また、東三河の工業用水のめども立ち、高度経済成長とともに臨海工業地域開発の気運も到来する。

豊橋産業文化大博覧会
パンフレット表紙

64 防災の豊川放水路 農工業の豊川用水

古来、豊川《とよがわ》は流域でたびたび洪水を起こしてきた。集落は自然堤防上に形成され、被害防止のために霞堤が造られたが、1904年（明治37）に甚大な台風被害に遭って以後、治水対策が地域の悲願となった。

1935年（昭和10）、衆議院議員大口喜六が「豊川改修ニ関スル促進建議書」を帝国議会に提出。1938年、改修工事が着工されたものの、戦争の影響で中止。

戦後、天竜東三河地域が国土総合開発法上の特定地域に指定され（本書136ページ「63」）、1954年に豊川放水路開削計画が確定した。

工事は1955年から着工し、河口域（前芝）の海苔への被害防止用の両岸排水路が1958年に完成。翌1959年に本格的な上流部掘削築堤工事が始まった。

その直後の同年9月26日、伊勢湾台風が襲来。豪雨に見舞われた豊川流域の被害は大きく、1960年から改めて5カ年計画が立案された。

開削は1963年に大半を終了し、その後は放水路の要となる分流堰工事を行い、1965年に完成した。豊川右岸の霞堤も役目を終え、締め切られた。

豊川放水路の完成から今日まで、豊川の大きな洪水被害は出ていない。一方、豊川用水は戦前の豊川導水計画に端を発する。

戦後、食糧難を打開するために高師原《たかしはら》・天伯原《てんぱくはら》の開拓が進められたが、豊橋南部から渥美半島にかけて、しばしば干ばつの被害に遭った。

水不足解決のために戦前の計画に関心が集まり、豊橋市が中心となって豊川農業水利事業の促進運動を展開。1947年、東三地方河開発期成同盟会が結成され、国や県に豊川用水実現の陳情を繰り返した。地元の熱意が奏効し、1949年に国営事業として認可された。

当初は農業用水に限定されていたが、１９５１年の天竜東三河総合開発特定地域の指定により、上水道や工業用水を含む総合水利事業に発展した。

貯水量増加が必要となり、建設中の宇連ダム堤高を約１ｍかさ上げし、規模も拡大。さらに、佐久間ダムとの分水協定を締結。年間５０００万トンが佐久間ダムから豊川用水へ送水されることになった。

１９５８年に宇連ダム、その３年後に宇連川から豊川用水路に取水する大野頭首工が竣工。着工19年目の１９６８年に完成した。

渥美半島の干害は豊川用水によって解消され、田圃は湿田から乾田に転換。稲の種苗も早植物に変わっていった。さらに、施設園芸農家が急増し、メロンやスイカ、電照菊等を栽培。畑作の露地栽培種もキャベツ、ハクサイ、ダイコン、トマトなどに拡大し、通年で収穫ができるようになった。

豊橋市における１９６０年と１９７０年の農業粗収入を比較すると、米は倍、野菜は３・５倍、畜産は４倍に伸長。品種改良や農業栽培の技術革新も影響しているが、豊川用水の効果が大きい。

豊川放水路と豊川用水は、穂国の防災、農業振興、工業発展に多大な寄与をしている。

豊川放水路中流部着工前　中部地方建設局豊橋工事事務所『豊川放水路工事誌』下巻（1967 年）

豊川放水路中流部竣工　中部地方建設局豊橋工事事務所『豊川放水路工事誌』下巻（1967 年）

宇連ダム　水土里ネット愛知提供

65 農業興隆の礎を築いた開拓事業の苦闘

前述のとおり、終戦直後の1945年（昭和20）11月から旧陸軍第15師団本部や演習地があった高師原・天伯原で開拓事業が始まった。約5000ヘクタールの原野を食料増産と失業対策に活用することを企図していた（本書134ページ「62」）。

入植者は復員軍人、戦災者、海外引揚者、北設楽郡豊根村・富山村等からの移住者であり、自己資金3000円と家族労働力があることを条件に応募入植した。高師原は、北は柳生川、南は梅田川に囲まれ、天伯原は太平洋に面している。いずれも洪積台地であり、土質が悪く、農業利用には適していなかった。

開拓の第一の難題は低木の抜根作業。旧陸軍小型戦車や野砲牽引車《けんいんしゃ》に砕土機を取りつけた急造ブルドーザーが活躍したが、重機の入れない複雑な場所では人力が頼り。作業は過酷を極めた。

第二の難題は土壌改良。畑地肥沃化のためには家畜厩肥《きゅうひ》が効果的であったが、高価で容易に入手できず、入植者は豊橋や豊川の市街地で人糞尿や路上の馬糞を集めて使ったと伝わる。

営農が軌道に乗るまでは自らの食料確保も困難を極め、入植1年間は男子2合、女子1合の配給米が生命線。入植者たちは芋やカボチャを主食とし、配給米が入手できた時には芋類を入れた雑炊にしたという。

住居事情も劣悪であった。多くの入植者は軍用厩舎や神社の社務所、農家の納屋などで共同生活をして開墾地へ通った。電気はなく、ランプやバッテリーに結んだ豆電球の生活を強いられた。

生活難による離農率が約50％に達したことが、開拓の困難さ、過酷な重労働の実態を示している。地域は高師地区と岩西地区に分かれていたが、高師に177戸、岩西に224戸が入植し、高師92戸、岩西165戸が定着するに至った。

入植者の努力のおかげで、戦前は「鬼の天伯、地獄の高師、流す涙が梅田川」とうたわれた演習地周辺は全国有数の農業地帯へと変貌を遂げたものの、その後は宅地化も進んだ。

１９６８年の豊川用水通水によって、開拓地を中心に穂国農業は施設園芸が増え、高収益の農業経営へと変わった。１９７３年の異常気象による渇水を受けて、１９７６年、豊川用水の新たな水源を造る事業が始まった。

設楽・大島ダム建設構想が持ち上がったが、水源地域の反対もあって時間を要するとの判断から、先行して豊川用水受益地の中に万場（豊橋）と大原（新城）、芦ケ池（田原）の三つの調整池がつくられた。

温暖な気候と安定した水の供給確保により、穂国は園芸と畜産を中心に全国有数の農業地域となった。

地域別に見ると、開拓地の多い南部は畑作中心に露地栽培、施設園芸、畜産農家が多い。豊川流域の西部は早場米を中心とした稲作、北部では石巻の柿やブドウに代表される果樹栽培が盛んである。

かつての開拓地中心に生産されているキャベツは全国有数の生産量を誇るほか、白菜やスイカも有名である。「天伯スイカ」ブランドは全国に知られている。

穂国農業を創造した先人の苦闘に感謝したい。

万場調整池　©Google Earth

万場調整池１周囲はウオーキングコースに

カボチャをモチーフにした遊具もある

66　4港を統合した三河港 世界的自動車港へ

三河港築港は戦前には実現しなかった（本書112ページ「51」）。戦後、高度成長期に入ると再び築港気運が盛り上がった。

1960年（昭和35）、豊橋市は鉄鋼メーカー誘致に失敗。その原因は、港湾・鉄道・道路等の整備計画が不十分であることだった。同年12月、豊橋市は大規模な三河港築港を含む「東三河総合開発計画」を発表。この計画に通産省も着目し、1961年12月に「開発マスタープラン」を策定した。三谷から蒲郡の自然海岸にヨットハーバーも整備する画期的プランだった。

愛知県の「新地方計画」も足並みをそろえ、田原・御津地区での大規模臨海工業用地造成を打ち出し、従来の分散港を三河港として統一する計画を発表した。

こうした動きが奏効し1962年、国は豊橋・田原・西浦・蒲郡の4港を統合した三河港の港域を指定した。

ところが、漁業権侵害を懸念する漁協の反対運動が活発化。同年9月、大崎漁協の反対決議採択に端を発し、沿岸各地15漁協が反対方針を決定した。

翌1963年、国は新産業都市と工業整備特別地域を選定。東三河は、新産業都市指定は逸したものの、工業整備特別地域に指定され、三河港も重要港湾に定められた。通産省は、基幹産業コンビナートを配置し、10万トン級船舶入港可能な港湾を含む大臨海工業地帯開発を打ち出した。

こうした動きに漁協の反対運動はさらに激化。三河港反対期成同盟会が結成されるに至り、局面打開のために愛知県は企業局を、豊橋市も工特対策室を設置し、漁業補償交渉を本格化させた。

1964年7月、愛知県と8漁協の交渉開始。翌年、老津組合を皮切りに各組合が補償を受け入れ、反対の中心であった大崎漁協も1966年1月に実態調査受

31年連続で自動車輸入の日本一となった三河港（2023年）

入れに踏み切り、事実上三河港築港を承認した。

神野公共埠頭を皮切りに造成が進み、1972年5月、豊橋港部分が正式開港。ところが1973年の石油ショックに伴う不況が三河港築港計画にも影響を与え、規模縮小とともに、コンビナート配置を前提とした大型港湾から流通加工及び商業的機能を重視した港湾へと軌道修正された。

同年、トヨタ田原工場専用岸壁が完成し、自動車輸出が本格化。スズキも加わり、三河港は自動車輸出拠点になるとともに、欧州自動車メーカー進出に伴い輸入拠点にもなった。今や、名古屋、ブレーマーハーフェン（ドイツ）、セヴルージュ（ベルギー）、ブランズウィック（米国ジョージア州）と並ぶ世界を代表する自動車港湾である。

1982年に三河港大橋を含む田原埠頭から御津地区を結ぶ東三河臨海道路が完成。1983年に国道23号豊橋バイパス、1986年に小坂井バイパスも供用開始となり、港湾区域と後背地を結ぶ産業道路網が充実していった。

三河港は神野・大崎（船渡）・明海（豊橋市）、田原、蒲郡・大塚（蒲郡市）、御津（豊川市）の7地区で構成されている。

67 新時代を迎えた三遠南信の歩み

「三遠南信」とは、古代穂国領域を含む東三河、遠州、南信州にまたがる地域を指す。それぞれ豊橋、浜松、飯田が中心都市であり、民俗学者の間では「三信遠」という呼称も使われている。

太平洋岸から信州に塩を運ぶ「塩の道」として、三州街道、足助街道、秋葉街道等が知られていたが、穂国から新野峠を越える道でも三河湾の塩が運ばれた。

１９５１年（昭和26）、国土総合開発法による開発対象地域として「天竜・東三河特定地域」が指定されたのを機に、三遠南信が地域開発の文脈で注目され始めた。その後の変遷は大きくは5期に分けられる。

第1期は、上記指定から翌１９５２年の「天竜・東三河特定地域総合開発計画」策定に至る開発が検討及び議論され始めた時期である。

約10年後の１９６３年になると「豊橋浜松二眼レフ経済圏」構想が提案された。浜名湖を挟んだ豊橋と浜松による都市圏構想である。この構想と三遠南信開発が結びつき、１９７２年、愛知、静岡、長野の三県知事会議で「三遠南信自動車道（略称三遠南信道）」の建設促進を決定。こうした動向を映じ、１９７７年には愛知・長野県境中山間地域における医療・消防・防災等の協議会が設立された。経済圏、道路建設、行政連携が進み始めた頃が第2期である。

１９８５年になると「三遠南信トライアングル構想」が発表され、１９８７年の四全総に三遠南信道が盛り込まれた。建設促進期成同盟会や県境三圏域交流懇談会等が相次いで設立され、三遠南信道建設計画が具体化した時期が第3期である。

以後、行政等による検討が進み、１９９３年（平成5）には三遠南信地域整備計画調査結果が公表された。

第4期は翌１９９４年から始まった「三遠南信サミット」を基軸とする。平成の大合併によって市町村

開通準備中の豊橋いなさ北ＩＣ　2012 年撮影

数が減少し、三遠南信地域において豊橋・浜松・飯田3市のけん引役としての重要性が一段と高まった。

同年には三遠南信道の矢筈・草木トンネルが開通し、地域連携を進める会議体や協議会が設立されていった。

２００６年の第14回サミットでは、道州制において三遠南信地域は同じ区割りに含まれることを求める決議が行われた。

第5期は２００８年の「三遠南信地域連携ビジョン推進会議（ＳＥＮＡ）」発足以降、今日に至る期間である。同年には三遠南信道の飯田山本インターチェンジ（ＩＣ）—天竜峡ＩＣ間が開通。以後、順次開通区間が拡がっている。完成後の三遠南信道は飯田山本ＩＣ（中央道、飯田市）から愛知県経由で浜松いなさジャンクション（新東名）に至る。

三遠南信構想具体化の局面である一方、戦後復興や高度成長に伴う国の後押しを期待できた第1期、第2期とは異なり、地域自身の自己実現力が問われている。

２０１４年、ＳＥＮＡ新体制移行に伴い、各地の三遠南信地域交流ネットワーク会議が統合され、事務局が浜松市役所内に設置された。

穂国の歴史上、三遠南信地域を統合した行政体は存在したことがない。三遠南信構想の今後に注目したい。

68　発展の潜在的条件揃う「ＨＯＫＯＫＵ」

愛知県東三河県庁（東三河総局）が発行している広報誌には、以下のように記されている。

「3世紀中頃に始まる古墳時代、大和政権下で各地の集落が統合されていく中、この東三河地域に『穂国』が誕生しました。以降、大化の改新（６４５年）により『三河国』に統合されていくまでの間、『穂国』は一体の地域として治められます。現在、東三河は８つの市町村に分かれていますが、この地域に古くから受け継がれている結びつき・一体性を礎に、『ほの国』としてさらに絆を深めようとする取り組みが進められています」

その取り組みが進捗することを期待する。筆者は仕事柄、全国津々浦々を往来しているが、「穂国」ほどさまざまな条件が整っている地域はなかなかない。

地形的には、北は茶臼山を含む奥三河の山々、東は弓張山地と浜名湖、西は本宮山から三ヶ根山に至る山域、そして南は三河湾と太平洋という、良い意味で隔離された地域である（本書10ページ「2」）。

山あり、海あり、川あり、湖あり、野あり、半島ありという、実に自然豊かな地域であり、そのうえ農業から工業まで、経済産業の潜在的条件が揃っている。

連載第1回で現在の東三河、つまり「穂国」が独立国であれば、面積で世界１７０位前後、欧州で言えばルクセンブルクより少し狭く、中近東で言えばバーレーンの倍の広さであることを紹介した。

また、人口では１６０位台だが、ＧＤＰ（域内総生産）では大きく順位を上げて60位台並みであり、ルクセンブルクより大きいと記した。

古代の「穂国」圏は、現在の静岡県湖西市を含み、浜松市辺りが境界である。現在の東三河8市町村に湖西市、浜松市を含む経済規模で考えると、製造品出荷額で8兆円台、日本全体の約２・５％、工業付加価値

本宮山より「穂国」を望む　筆者撮影

豊橋駅を中心とする市街地の様子　豊橋市提供

ランキング（1ドル130円換算（本原稿執筆時））で比較すると世界40位前後に相当する。同じ地域の農業産出額は2000億円台で、やはり日本全体の2・5％弱を占める。

そのうえ、先史時代から古代、中世、近世、近代に至る豊富な歴史を蓄積した地域である。「穂国」史はその時々の日本史全体とも関わりが深く、古墳、城郭戦跡、寺社仏閣等を探究することで、日本の歴史を知ることもできる。

どこの地域でも、土着住民は地元の自然や歴史の良さをあまり意識していないことが多い。当たり前すぎて貴重さに気がつかない。「穂国」も例外ではない。しかも、上述のとおりとりわけさまざまなリソースに恵まれているだけに、その良さを生かしきれば「穂国」は大いに発展する可能性がある。

筆者はかねてより、飯田線沿線や渥美半島辺りに、地域をけん引する世界的企業（そこまで欲張らなくても日本的企業）が1社か2社立地することで、「穂国」は米国のシアトルやサンノゼの周辺地域のような雰囲気になり得ると考えている。シアトルの奥域にはマイクロソフトやボーイングが立地しており、サンノゼはシリコンバレーの中心都市である。

これを読んで「夢物語」だと感じる「穂国」人は、自国（つまり「穂国」）の諸条件に一層精通するとともに、内外の産業や地域事情を見聞して自信を高めてほしい。

新城市か田原市にロボティクス企業が立地し、世界からエンジニアやビジネスパーソンや研究者が往来。その一部は住み着き、週末にはサーフィンやパラグライダーやマリンスポーツに興じ、夜には「穂国」の海山川の産物を堪能する。

「日本の穂国というエリアは素晴らしい」という情報が世界に発信され、今や北海道のスキー場の雪が「JAPOW（JAPAN＋SNOW）」として名をはせているように、やがて「HOKOKU」が固有名詞として語られる日が来ることを待望する。

本書では先史時代から2000年頃までの話題を取り上げた。「穂国」の小中高校生がそれらを材料に、自らの住む地域のことを探究し、「HOKOKU」実現のために活躍する人材として成長することを期待したい。

主な参考文献

愛知教育文化振興会『三河人物散歩』あじさい堂書店、1997年
愛知県高等学校郷土史研究会『愛知県の歴史散歩（下）三河』山川出版社、2005年
愛知県三河港事務所『三河港十年史 三河港十年のあゆみ』よねづ書店、1974年
渥美町史編纂委員会『渥美町史』1983年
一宮町誌編纂委員会『一宮町誌』1976年
井野川仲男「愛知県の水産史 ノリ養殖の沿革」『愛知水試研報』2015年
入交好脩「第八国立銀行の設立経緯と中村道太・三浦碧水の事蹟 東三河とくに豊橋を中心とする産業・経済の発展」『早稲田商学』早稲田商学同攻会、1964年
大林淳男・日下英之『図説三河の街道と宿場』1997年
大森修『豊橋財界史』豊橋文化協会、1973年
小澤耕一『渡辺崋山研究―三河田原藩の周辺と画論を中心に―』日本図書センター、1998年
音羽町誌編纂委員会『音羽町誌』1975年
金子拓『鳥居強右衛門 語り継がれる武士の魂』平凡社、2018年
神野三郎翁伝記編纂委員会『神野三郎伝』中部瓦斯、1965年
蒲郡市誌編纂委員会・蒲郡市教育委員会『蒲郡市誌』1974年
蒲郡市博物館『東三河の古墳 副葬品にみる古墳文化』1995年
北設楽郡史編纂委員会『北設楽郡史』1970年
郷土豊橋を築いた先覚者たち編集委員会『郷土豊橋を築いた先覚者たち』岡本書店、1986年
久住祐一郎『三河吉田藩（シリーズ藩物語）』現代書館、2019年
久住祐一郎『三河吉田藩 お国入り道中記』集英社、2019年
小坂井町誌編纂委員会『小坂井町誌』1976年
近藤恒次『学徒動員と豊川海軍工廠』豊橋文化協会、1977年
近藤恒次『東海道御油・赤坂宿交通史料』国書刊行会、1980年
新城市誌編集委員会『新城市誌』1963年

鈴木隆一『鳳来山 東照大権現物語』鳳来町文化協会、1983年
全国地方銀行協会企画調査部『全国地方銀行協会五十年史』1989年
滝川元雄『図説東三河の歴史』郷土出版社、1996年
田原町文化財保護審議会『田原町史』1984年
中部配電社史編集委員会『中部電力社史』1954年
作手村誌編纂委員会『作手村史』1982年
津具村『津具村史』1997年
豊川市史編纂委員会『豊川市史』1973年
豊川の歴史散歩編集委員会『豊川の歴史散歩』1993年
豊根村『豊根村史』1989年
豊橋市『とよはしの歴史』1996年
豊橋市史編集委員会『豊橋市史』1973年
豊橋市政八十年史編纂員会委員会『豊橋市政八十年史』1986年
豊橋市立商業学校『東三河産業功労者伝』1943年
友岡賛「明治時代における洋式簿記の導入」『三田商学研究』慶應義塾大学出版会、2018年
芳賀信男『東三河地方電気事業沿革史』山星書店、2001年
東三高校日本史研究会『東三河の近代を築いた人びと』1997年
鳳来町教育委員会『鳳来町史』1967年
前田豊『消された古代東ヤマト 蓬莱の国 東三河と徐福』彩流社、2003年
牧野由朗『豊川用水と渥美農村』愛知大学綜合郷土研究所、1997年
丸地古城『三河の古墳 東三河篇』豊橋史談会、1949年
御津町史編纂委員会『御津町史』1990年
南設楽郡教育委員会『南設楽郡誌』1999年
山田邦明『戦国時代の東三河 牧野氏と戸田氏』愛知大学綜合郷土研究所、2014年
横田孜『古代東三河 穂の国 八百年の旅』朝日新聞出版サービス、2000年
吉沢忠『渡辺崋山』東京大学出版会、1956年

あとがき

東愛知新聞の読者は企業経営者や事業主が多いと伺っていたため、連載内容は近代経済史を中心に据え、明治維新以前はかなり割愛しました。当初は書籍化することを想定しておらず、今となっては「あれも書くべきだった」と思う史実がたくさんあります。

例えば、愛知県には約３１００基の古墳が存在しますが、半分以上の約１６００基が東三河にあり、そのうち約半数（７４１基）が現在の豊橋市内に存在します。古墳時代前期は東日本に特徴的だった前方後方墳が中心でしたが、やがて西日本に多かった前方後円墳に変わっていきます。その過程で大和王権の影響があったことは想像に難くありません。

日本に律令制を定着させる局面の第41代持統天皇（６４５～７０２年）は、『続日本紀』によれば、譲位後の上皇としての最晩年（７０２年）に伊勢、伊賀、美濃、尾張、三河を行幸しました。とくに三河には大宝２（７０２）年10月10日から11月13日の１ヶ月以上滞在しており、これは異例のことです。

大宝元（７０１）年には勅命により砥鹿神社が創建され、翌年に発布された大宝律令の下で、新たな三河国の国府は「三川国（西三河）」ではなく「穂国（東三河）」の豊川に置かれました。

東国との境界線に位置し、徐福伝説や邪馬台国説も語られる豊かな「穂国」を大和王権側に繋ぎ止めるために腐心していたと推測できます。

こうした史実も含め、「穂国」の生徒・学生の皆さん、学界や経済界の皆さんが、今後も「穂国」の過去・現在・未来を紡いでいただくこと、ならびに「穂国」が末永く発展することを祈念します。

大塚耕平

発刊に寄せて

豊橋商工会議所会頭　神野吾郎

私の生誕の地であり活動の拠点でもある〝穂の国〟東三河は、日本の「へそ」でもあり、東西軸はもとより、南北軸の交差する要衝です。茶臼山、段戸山の山々の豊かな恵みが、豊川により流域全体そして三河湾を潤してきました。一次産業では、全国トップクラスのシェアを誇るものがあるだけでなく、独自の生産方法で品質にこだわった農畜産物が豊富にあります。二次産業では、多種多様な製品の生産拠点となるだけでなく、研究拠点ともなる大手メーカーのマザー工場が立地しているなど、非常にバランスの取れた地域です。本書の冒頭に触れているとおり、「気候にも、自然にも、食料にも恵まれた地域であるため、この地域の人々は大らかであり、半面、欲がない。おそらくそうした地域性も影響し、戦国時代には武田氏、今川氏、松平氏による争奪戦の主戦場となり、誇り高き「穂国」の地であったことはあまり語り継がれていない」と書かれていますが、歴史的にも非常に魅力溢れる独特の地域です。

本書は、その〝穂の国〟東三河の古代国家、戦国時代を経て明治、大正、昭和、平成、令和と続く激動の歩みを、時として歴史学者、現代に生きる政治家、そして〝人間〟大塚耕平として、この地で未来を切り開いていこうとした人々の群像と歴史を探究したものです。

私たちは、〝穂の国〟東三河の恵まれた自然をはじめ、先人たちが築き上げた地域資源の恩恵を受ける一方で、未来に向けた発展のため、新しい何かを創造する責任を担っているのです。

大塚耕平さんも語っているように、〝夢は大きく〟です。〝穂の国〟東三河のその何かを創っていくことに挑戦し続ける人が、当地でも活躍することを信じています。本書に刺激を受けた皆さんが、新たな〝穂の国〟東三河の未来を切り開き、新たなる歴史を刻んでいかれることを願ってやみません。

最後になりましたが、大塚耕平さんの今後ますますのご活躍を祈念して、「発刊に寄せて」の寄稿とさせていただきます。

［著者略歴］
大塚耕平（おおつか・こうへい）
1959年愛知県名古屋市生まれ。歴史や仏教の研究家として活動し、中日文化センター講師や仏教宗派の学林講師などを務める。著書に『仏教通史』（大法輪閣）『愛知四国霊場の旅』『尾張名古屋 歴史街道を行く—寺社城郭・尾張藩幕末史—』（中日新聞社）など。

愛知県立旭丘高校、早稲田大学を経て日本銀行勤務。在職中に早稲田大学大学院博士課程修了（学術博士、専門は経済学）。2001年から参議院議員。中央大学大学院、早稲田大学、藤田医科大学で客員教授を務める。著書に『公共政策としてのマクロ経済政策』（成文堂）『「賢い愚か者」の未来』（早稲田大学出版部）など。

カバー画像
吉田初三郎「愛知縣鳥瞰圖」（部分） 国際日本文化研究センター蔵

穂の国探究　語り継ぎたい東三河の歩み

2024年7月20日　第1刷発行　（定価はカバーに表示してあります）

著　者　大塚 耕平

発　行　東愛知新聞社
〒441-8666 豊橋市新栄町鳥畷62
電話 0532-32-3111

発　売　風媒社
〒460-0011 名古屋市中区大須1-16-29
電話 052-218-7808

乱丁・落丁本はお取り替えいたします。　＊印刷・製本／シナノパブリッシングプレス
ISBN978-4-8331-4320-2